Biblioteca de Derecho Procesal

Marco de Cristofaro
(Director)

Carlos Antonio Agurto Gonzáles
Sonia Lidia Quequejana Mamani
Manuel Enrique Valverde Gonzáles
Benigno Choque Cuenca
(Coordinadores Generales)

HUGO ALSINA
Profesor Titular de Derecho Procesal
Universidad de Buenos Aires

LAS CUESTIONES PREJUDICIALES EN EL PROCESO CIVIL

Edición al cuidado de
Carlos Antonio Agurto Gonzáles
Sonia Lidia Quequejana Mamani
Benigno Choque Cuenca

Ediciones Olejnik

Las cuestiones prejudiciales en el proceso civil

Edición: 2018.

Ediciones Olejnik
Huérfanos 611, Santiago-Chile
E-mail: contacto@edicionesolejnik.com
Web site: http://www.edicionesolejnik.com

ISBN: 978-956-392-170-0

Diseño de carátula: Ena Zuñiga

Diagramación: Hayden Méndez, yiset_mendez@hotmail.com

Impreso en Argentina 2018 Printed in Argentina

ÍNDICE SUMARIO

LAS CUESTIONES PREJUDICIALES EN EL PROCESO CIVIL

I. — Presentación del tema[1]

1 Aguilera de Paz, *Tratado de las cuestiones prejudiciales y previas al procedimiento penal,* Madrid, 1917. Alcalá Zamora y Castillo y Levene (h.) *Derecho Procesal Penal,* Buenos Aires, 1949, t. I, pág. 231. Avalle, *Ensayo sobre la cuestión prejudicial,* Buenos Aires, 1929. Calamandrei, *La génesis lógica de la sentencia civil* (en *Estudios sobre el proceso civil,* trad. Sentís Melendo, Buenos Aires, 1945, pág. 365). Id. *instituciones de Derecho Procesal Civil* (trad. Sentís Melendo, Buenos Aires, 1943, N° 225). Caliendo, *A proposito delle questioni prejudiziali nel processo civile* (*Riv. di diritto processuale civile,* 1924, II, pág. 124). Camaño Rosa, *Replanteamiento de la prejudicialidad,* Montevideo, 1945. Carnelutti, *Sistema del Derecho Procesal Civil* (trad. Alcalá Zamora y Castillo y Sentís Melendo, Buenos Aires, 1944, t. II, pág. 683, N° 374). Id. *Instituciones del Nuevo Proceso Civil Italiano* (trad. Guasp, Barcelona, 1942, n°s 122 y 399). Máximo Castro, *Procedimientos penales,* Buenos Aires, 1927, t. II, pág. 120. Cuenca, *Procedimiento civil romano,* Buenos Aires, 1954, n°s 63, 85, 274, 310. Costa, *Manuale de diritto procesuale civile,* Torino, 1955, pág. 321. Chiovenda, *Principii di diritto processuale civile,* Napoli, 1923, pág. 153. Id., *Instituciones de derecho procesal civil* (trad. Gómez Orbaneja, Madrid, 1936, t. II, nos. 122, 124 y 128). Id., *Sobre la cosa juzgada* (*Ensayos de derecho procesal civil,* trad. Sentís Melendo, Buenos Aires, 1949, t. III, pág. 193). Ferrandi y Olaondo, *Cuestiones previas y cuestiones prejudiciales,* en *R. C. E. derecho,* Montevideo, año II, pág. 373. Garsonnet et Cézar-Bru, *Traité de procédure civile et commerciale,* París, 1898, t. II, nos. 414, 477; t. III, N° 1126. Glasson, Tissier et Morel, *Traité de procédure civile et commerciale,* París, 1925, t. I, N° 283, pág. 734. Goldschmidt, *Derecho procesal civil* (trad. Prieto Castro, Madrid, 1936, pág. 388). Giustinian, *Cuestiones prejudiciales,* Buenos Aires, 1902. Guasp, *Comentarios a la ley de enjuiciamiento civil,* Madrid, 1943, t. I, pág. 983. IMAZ, *Límites procesales de la cosa juzgada,* en *La Ley,* t. 75, pág. 876. Jiménez Asenjo, *Las cuestiones judiciales en materia civil* (*Rev. jurídica de Cataluña.* Mayo-junio 1951, pág. 234). Jofre, *Manual de procedimiento civil y penal,* Buenos Aires, 1919, t. II, pág. 54. JosSerand, *Derecho civil,* (trad. Cunchillos y Manterola, Buenos Aires, 1950, t. I, vol. 2, n°s 798, 803, 810, 833). Kisch, *Elementos de derecho procesal civil* (trad. Prieto Castro, Madrid, 1922, págs. 37, 61, 62, 137, 255, 257, 259). David Lascano, *Jurisdicción y competencia,* Buenos Aires, 1941, pág. 165. Manzini, *Tratado de Derecho Procesal Penal* (trad. Sentís Melendo y Ayerra Redin, Buenos Aires, 1951). Menestrina, *La prejudiziale nell processo civile,* Viena, 1904. Morel, *Traité élémentaire de procédure civile.* París, 1949, N° 274. Mario Oderigo, *La prejudicialidad civil en el proceso penal,* Buenos Aires, 1945. Hipólito J. Paz, *Efectos del caso juzgado civil sobre la acción penal en el derecho positivo argentino,* Buenos Aires, 1947.

a) Tradicionalmente se admite que la sentencia, desde el punto de vista de su estructura, constituye un silogismo[2], en la que la premisa mayor está dada por la norma abstracta[3], la menor por el caso concreto y la conclusión por la parte dispositiva[4]. Naturalmente que esta operación lógica, como observa CALAMANDREI[5], no es privativa del juez, porque también la hacen los abogados al preparar la demanda y la defensa, pero en el silogismo del juez la consecuencia no se deduce de un hecho único y de una única norma abstracta, sino que el juez, antes de pronunciar su sentencia, debe hacer una serie complicada de deducciones recíprocamente vinculadas[6].

PISSARD, *Les questions préjudicielles en droit romain,* París, 1907. PRIETO CASTRO, *Exposición del derecho procesal civil de España,* Zaragoza, 1941, t. I, pág. 64. ID., *Tratado de derecho procesal civil,* Madrid, 1952, t. I, pág. 149. ROSENBERG, *Derecho procesal civil* (trad. ROMERA VERA, Buenos Aires, 1955, t. I, § 12, pág. 70, t. II, § 124, II, N° 2, pág. 298; § 150, II, N° 2, pág. 471). REDENTI, *Derecho procesal civil* (trad. SENTÍS MELENDO y AYERRA REDIN, Buenos Aires, 1957, t. I, págs. 99, 247, 411). SATTA, *Diritto processuale civile,* Padova, 1957, n^os^, 22, 94 y 222. SCIALOJA, *Procedimiento civil romano,* (trad. SENTÍS MELENDO y AYERRA REDIN, Buenos Aires, 1954, págs. 162, 243, 252, 410). TUCCIO, *Le questione prejudiziali in materia civile in rapporto alla competenza e alto svolgimento processuale,* Palermo 1895. WYNESS MILLAR, *Las premisas de la sentencia como cosa juzgada en el derecho continental y angloamericano (La Ley,* t. 24, sec. doctr., pág. 13. De *Michigan Law Review,* Noviembre 1940, vol. 39, N° 1, pág 136, diciembre 1940, vol. 39, N° 2, pág. 238, trad. BIEDEL).

2 En la Edad Media, dice CHIOVENDA (*Sobre la cosa juzgada,* N° 4), los glosadores advirtieron ya en la sentencia la forma de un silogismo, aunque dieron a la frase de ULPIANO (*res iudicata pro veritate habetur),* una acepción distinta, porque mientras en la lógica la conclusión es verdadera si son verdaderas las premisas, ellos encontraron que la conclusión es verdadera cuando la sentencia ha pasado en autoridad de cosa juzgada, aunque las premisas no sean verdaderas.

3 Que no siempre es de derecho positivo, porque en el concepto se incluyen las "máximas de la experiencia". Sobre el tema: CARNELLI, *El hecho notorio,* pág. 81.

4 Así, el art. 1424 del cód. civ., establece que es correlativa a la recepción de la cosa la obligación de pagar el precio convenido por ella. Está probado que *A* compró un objeto a *B* por un precio determinado y que éste se lo entregó en la forma estipulada. Luego *A* debe pagar a *B* el precio convenido.

5 *La génesis lógica de la sentencia civil,* N° 3.

6 Parecería, dice CALAMANDREI (*ob. cit.* N° 5), que el juez debe comenzar

No obstante, esta concepción lógica de la sentencia ha sido objeto de crítica por una parte de la doctrina, aduciéndose que el resultado a que llega el juez y que expresa en la sentencia, es el fruto, no de un juicio lógico objetivo a base de materiales recogidos en el proceso, sino de una convicción que no está, o no debe estar, sometida en cuanto a su formación, a reglas fijadas *a priori*, y en la que entran o pueden entrar, en lo que a la valoración de los hechos se refiere, no sólo razonamientos puros, sino de simples impresiones, creencias, e incluso típicos actos de voluntad, por lo que parece preferible limitarse a decir que la sentencia contiene la expresión de la convicción formada en la mente del juez por la comparación entre la pretensión de la parte y la norma jurídica de derecho

por constatar los hechos y de acuerdo con ellos determinar la norma legal aplicable; pero, por el contrario, agrega, como dice CHIOVENDA, *Principii,* pág. 149), la cuestión de derecho se presenta naturalmente como primera, porque si la norma a que el actor se refiere no existe como norma abstracta, es inútil investigar si se ha convertido en norma concreta y la demanda será infundada. Asi, el juez, cuando va a dictar sentencia, comienza por suponer como verdaderos los hechos afirmados por el actor y se pregunta si tales hechos supuestos verdaderos, son idóneos para producir el efecto jurídico pretendido. Pero COUTURE (*Fundamentos del derecho procesal civil* [2°], pág. 184), hace atinadamente la siguiente observación: Si se solicitara, dice, el divorcio vincular en una legislación que no consagra la disolución del matrimonio, tal pretensión debe ser rechazada sin entrar al análisis de los hechos. Si la demanda solicita la quiebra de una sociedad anónima en un régimen como el de nuestro país (Uruguay), en el cual esa quiebra no existe, no es necesario entrar a determinar el alcance de los hechos que constituyen la cesación de pagos, porque la demanda está privada de fundamentos desde el primer instante en su más simple planteamiento jurídico. Pero en verdad esta apreciación extrínseca del problema no siempre se resuelve en una pura cuestión de derecho. La existencia del matrimonio o de la sociedad anónima en los dos ejemplos propuestos, son hechos lógicamente anteriores a la apreciación jurídica de la demanda. Sin matrimonio, el juez no tiene por qué pronunciarse acerca de si la legislación de divorcio subsiste o ha sido derogada; sin sociedad anónima, el juez no puede desestimar de plano la petición de quiebra, ya que bien podría ocurrir que la sociedad anónima no existiera como tal, pero tuviera vigencia como sociedad colectiva, susceptible de ser declarada en quiebra. No parece posible, en consecuencia, sostener que la significación extrínseca del problema de derecho sea, en todo caso, el *prius* y los hechos el *posterius,* dentro de la lógica de la sentencia. Es más bien frente a cada caso concreto que el juez debe decidir si su razonamiento debe comenzar por la significación jurídica del asunto o por el análisis de los hechos sobre los cuales basa su tesis el actor.

objetivo[7]. Empero, parece fuera de duda que la sentencia contiene un razonamiento y que éste presupone un juicio crítico a base de procesos comparativos entre cuestiones de hecho y normas de derecho, es decir, aplicando la estructura de un silogismo. Por lo demás, se trata sólo de un esquema para aplicar el mecanismo del razonamiento y fundamentar el valor de la conclusión, o sea que no es un silogismo perfecto, ni es un silogismo único, porque cada premisa de la sentencia, que constituyen en conjunto los motivos en que se asienta la parte dispositiva, es a su vez fruto de otro silogismo y así sucesivamente[8].

b) En esa cadena del razonamiento, unas veces más complicada que otra, antes de llegar a la conclusión o sea la parte dispositiva de la sentencia, el juez se encuentra frecuentemente frente a cuestiones de cuya previa solución depende la decisión final. Así, el éxito de la acción de nulidad de matrimonio que se funda en la subsistencia de un vínculo anterior, depende de la validez o nulidad del primer matrimonio, porque si éste es nulo, el segundo será válido; la obligación de integrar acciones de una sociedad está supeditada a la legalidad de la resolución que la impuso; la acción de reconocimiento de filiación legítima supone la

---

7 GUASP, *ob. cit.*, pág. 950. ALIPIO SILVEIRA (*La premisa inarticulada de la sentencia*, en *Rev. pac. de derecho*, México, enero-marzo, 1956, pág. 61), después de afirmar que el juez, por muy íntegro y competente que sea, no, puede ser absolutamente imparcial, porque la imparcialidad es la negación de la vida, agrega: "El hecho de no existir imparcialidad absoluta y total nos lleva, clara y concretamente, a admitir lo que un gran magistrado norteamericano, OLIVER WENDELL OLMES, denominó *la premisa mayor inarticulada*. Los magistrados, como hombres que son, guardan en su subconsciencia acervos de preconceptos y prejuicios, de ideas y de ideologías, de simpatías y antipatías, y ese conjunto, aun cuando no se den cuenta de ello, influirá, sutil pero eficazmente, en sus sentencias".

8 La vida del pensamiento humano, dice MENESTRINA (*ob cit.*, pág. 39), es la cosa más complicada que se puede imaginar. El concepto con el cual operamos para hacer nuestro raciocinio, es a la vez producto de otro raciocinio sobre la base de un concepto precedente. Tal es también la labor que realiza el juez, porque se desarrolla a base de raciocinio sobre conceptos. Así, la determinación de la proposición mayor supone ya un trabajo lógico de separación, por analogía y por oposición, entre la multitud de normas legales; luego en la reconstrucción de los hechos actúa razonando como lo haría un ciudadano, porque la ley sólo prescribe la línea de conducta, pero desde el punto de vista lógico el procedimiento es el mismo.

existencia de un matrimonio legítimamente constituido; la acción de reivindicación de Un fundo sólo puede prosperar en tanto el demandado no hubiera adquirido su dominio por prescripción, etc. Se dice entonces que se está en presencia, en términos generales, de una *cuestión prejudicial* (de *praeiudicium*), es decir, que debe ser resuelta antes que la cuestión principal, porque constituye una premisa o antecedente lógico de la sentencia[9].

c) Ello plantea varios problemas que es necesario examinar por separado, para establecer luego su recíproca influencia. En primer lugar, habrá que precisar el concepto de *prejudicialidad*, no sólo para distinguirlo de otras figuras con las que frecuentemente se lo confunde, como las excepciones, las defensas previas, los incidentes, etc., sino para determinar su contenido y fijar sus caracteres, cuestiones respecto de las cuales existen, como vamos a verlo, opiniones las más dispares, que en algunos casos se han traducido en textos legales, cuya interpretación entonces no resulta fácil, porque responden a criterios distintos, cuando no a regímenes procesales diferentes. Luego habrá que estudiarlo en relación a la competencia y examinar si su decisión corresponde al mismo juez que ha de dictar la sentencia en la cuestión principal (*incidenter tantum*), o si debe suspenderse ésta hasta tanto se pronuncie sobre aquélla otro tribunal (*principaliter*). Por último habrá que averiguar si el pronunciamiento que decide una cuestión prejudicial, en el caso de ser dictado por el mismo juez de la causa, entra en la esfera de la cosa juzgada de la sentencia final, o sea si la cosa juzgada, en qué condiciones y dentro de cuáles límites, alcanza a los fundamentos o premisas en que se asienta la parte dispositiva de la sentencia.

9 La voz *praeiudicium* tenía diversas acepciones, porque se refería tanto al proceso como a la sentencia final y así *praeiudicia* eran el proceso y la sentencia que precediendo a otro proceso influían sobre la marcha o sobre la decisión de aquél. MENESTRINA, *ob. cit.*, pág. 3. También ODERIGO (*ob. cit.*, pág. 12, recuerda que el *Corpus* emplea las palabras *praeiudicare* y *praeiudicium* en un sentido amplio, para referirse a toda decisión del juez o del pretor que tenga importancia para alguien o para algo, o sea que crea un "prejuicio"; y en un sentido más restringido para referirse al fallo que ha sido dado sobre la misma relación jurídica sometida en ese momento a los tribunales, confundiéndose entonces con la cosa juzgada.

d) Estos problemas, que son sólo aspectos de un tema más vasto, el de los límites *objetivos de la cosa juzgada,* han sido examinados por la doctrina al analizar las relaciones entre el proceso civil y el proceso penal[10], tema sobre el que existe una extensa bibliografía cuyas conclusiones vamos a aprovechar porque constituyen un aporte de gran valor para nuestro estudio. Ocurre en efecto a menudo, que de un mismo hecho nacen dos derechos de distinto contenido: uno afecta al orden público y se traduce en una pretensión punitiva para la represión del delito; otro sólo afecta al interés privado y tiende al resarcimiento del daño causado. La primera cuestión que se plantea es si el conocimiento de ambas acciones, cada una de las cuales tiene su órbita legítima, sujeta a un régimen jurídico propio, ha de atribuirse a un mismo juez o a jueces distintos por razón de su competencia. En segundo plano, nos enfrentamos con un nuevo problema, porque en algunos casos la ley dispone que la existencia del delito está condicionada al pronunciamiento del juez civil; así, cuando en causa penal se pone en discusión la validez de un matrimonio, el juez penal debe suspender su razonamiento hasta que el tribunal civil, privativamente competente sobre la materia, se pronuncie a su respecto; y recíprocamente, la acción resarcitoria está sujeta, con las excepciones que luego veremos, al pronunciamiento condenatorio en sede penal. En ambos casos se habla de *cuestión prejudicial*: si el primer matrimonio es nulo, no hay bigamia; si el acusado de un hecho ilícito es absuelto, la acción civil no procede. Pero seguimos avanzando y en un tercer tramo se nos presenta otro problema, en el que si bien se trata de distinta materia, su conocimiento no está privativamente atribuido a otro tribunal, por lo que el juez penal puede pronunciarse a su respecto al solo efecto de resolver la causa principal *(incidenter tantum);* así, cuando el procesado por hurto se defiende alegando que se ha apoderado de una cosa que le pertenece, se plantea en la terminología corriente una cuestión prejudicial que el juez penal debe resolver de acuerdo con las disposiciones del código civil y habrá

10 Nuestro *Tratado de derecho procesal civil y comercial* (2ª ed., Buenos Aires, 1956, t. I, pág. 369).

que establecer entonces el alcance y condiciones de ese pronunciamiento[11].

e) Análogo planteamiento corresponde hacer en el proceso civil, en el que las cuestiones prejudiciales pueden presentarse no sólo respecto de materias de diverso contenido jurídico (prejudicialidad en sentido estricto), sino respecto de un mismo orden jurídico (prejudicialidad en sentido lato). El derecho positivo ofrece muy escaso material a la investigación a este respecto, y la doctrina, salvo contados trabajos[12]), no le ha dedicado mayor atención, examinándolo especialmente desde el punto de vista de la competencia. Parece superfluo decir que no tenemos la pretensión de llenar ese vacío, pues ya se verá cuán ardua es la solución, pero esperamos aportar por lo menos algunos antecedentes en vista a un ulterior desarrollo. Para ello vamos a ver cómo se ha formado el concepto de prejudicialidad, cómo se lo ha aplicado en la legislación comparada y cuál es la opinión de la doctrina, lo que nos permitirá ponernos en contacto con las distintas facetas del problema y aclarar nuestras ideas para entrar al estudio de los puntos que nos interesan. En un apartado final examinaremos el problema en la legislación, la doctrina y la jurisprudencia argentina.

II. — Legislación comparada

A) Roma.

Debemos necesariamente comenzar con una breve reseña de los principios sobre la materia en el derecho romano, porque, como veremos, constituyen el punto de arranque de la legislación y la doctrina.

En virtud de la regla *"el juez de la acción es juez de la excepción"*, el juez competente para conocer de la demanda lo era también para conocer de todas las defensas (*excepción* en sentido amplio) que se opusieran a ella, aun cuando se tratara de materia que no hubiera

11 Aguilera de Paz, *ob. cit.*, págs. 26 y sigtes. Un resumen bastante completo en Oderigo, *ob. cit.*, N° 2.

12 Menestrina, Tuccio, Jiménez Asenjo, Wyness Millar, *obs. cits.*

podido resolver si hubiera sido planteada en vía principal (*principaliter*), incluso las cuestiones penales, pues se entendía que el pronunciamiento se refería, en todo caso, sólo a la demanda del actor. La regla no estaba consagrada en ningún texto legal, pero se deduce de diversas disposiciones, especialmente de la ley 1ª del Cod. *de Ord. Iudicior.*, lib. 3°, tít. 8º, que expresa los motivos por los que la competencia del juez del fondo se extiende a todas las cuestiones que se refieren al principal[13]. En tal caso se decía que la cuestión era *prejudicial,* en razón de que el juez debía resolverla antes del pronunciamiento sobre la litis principal porque condicionaba la sentencia, pero lo hacía al solo efecto de resolver la cuestión propuesta, por lo que no le alcanzaba la cosa juzgada y podía ser nuevamente materia de otro juicio en vía principal. Así, el juez de la causa hereditaria podía resolver incidentalmente la cuestión de estado, aun cuando no fuera de su competencia (Cód. de *Ord. Iudicior.*, 38); el juez de la causa de alimentos podía también resolver las cuestiones de estado, pero sin efecto de cosa juzgada (fr. 5, par. 8, 9, Dig. *agnosc.* lib. 25)[14]. Con referencia al proceso penal se aceptaba también como principio general que el juez de la acción lo era igualmente de la excepción y la solución dada a la cuestión incidental no surtía efecto fuera de la causa; así, el juez de lo criminal podía conocer, en esas condiciones, de las cuestiones civiles en general; pero algunas de ellas por su trascendencia social debían ser remitidas al conocimiento previo de magistrados de otra jerarquía, luego de cuyo fallo quedaban "prejuzgadas" en forma definitiva, hablándose entonces de *causa prejudicial*[15].

Las cuestiones prejudiciales se diferenciaban de las *acciones prejudiciales,* en que éstas, que tuvieron su origen en las *fórmulas praeiudiciales* de los pretores, cuya característica era que sólo constaban de la *intentio* y carecían, por consiguiente, de la *condemnatio,* servían para obtener una sentencia declarativa, pero con efecto

13 Aguilera de Paz, *ob. cit.*, pág. 45. Oderico, *ob. cit.*, pág. 63.

14 Chiovenda, *Instituciones,* N° 32. Aguilera de Paz, loc. cit.

15 Oderico, *ob. cit.*, pág. 63.

de cosa juzgada y previa a otro proceso, por lo que se las considera por la doctrina como el antecedente de las acciones meramente declarativas del derecho procesal moderno; así, *los praeiudicia an liber sit, an servus sit,* mediante los cuales se obtenía el reconocimiento de hombre libre o de la calidad de esclavo[16].

El principio romano subsistió en la doctrina italiana medieval y luego sirvió de base a la legislación francesa, la que le introdujo algunas limitaciones, y cuyo ejemplo fue seguido por la mayoría de los códigos modernos. Pero en la doctrina medieval los textos romanos fueron interpretados en el sentido de que la cosa juzgada se extendía a las premisas de la sentencia[17], concepto en que se inspiró SAVIGNY para enunciar su sistema, que luego vamos a exponer, y que dio origen a una polémica que terminó con el triunfo de sus adversarios en la doctrina y en la legislación.

B) FRANCIA.

Antiguamente la legislación se había inspirado, como se ha dicho, en los precedentes romanos, pero la atribución de la competencia a distintos jueces por razón de la materia, fue abriendo el camino al concepto de la prejudicialidad civil. En un principio se limitó la prejudicialidad a las cuestiones de estado, y así el código civil estableció (art. 326) que los tribunales civiles son los únicos competentes para decidir sobre las reclamaciones

16 CHIOVENDA, loc. cit.

17 En parte, dice CHIOVENDA (*Principii,* pág. 907), por influencia del derecho alemán que trata como sentencia cualquier decisión de cuestiones, ya sean de fondo o procesales; en parte por la defectuosa inteligencia de los textos romanos; y en parte por las tendencias escolásticas dominantes en el estudio del Derecho, la consideración de los jurisconsultos se ha desviado inclinándose particularmente sobre el elemento *lógico* del proceso y sobre el silogismo que es el esqueleto de la sentencia, más bien que sobre la afirmación de *voluntad* que se deriva de la conclusión. Vieron en el proceso particularmente una *quaestio,* una *disputatio,* una *deffinitio;* y como en el silogismo procesal la conclusión debe considerarse como verdadera, llegaron también a considerar como verdaderos los *hechos* contenidos en las premisas, introduciendo así la idea de una verdad *formal* frente a la verdad *efectiva.*

de estado; y que (art. 327) la acción penal correspondiente para el castigo de los delitos de supresión de estado no puede ser intentada sino después que haya sentencia firme sobre dicha cuestión; pero luego se estableció la prejudicialidad en las cuestiones administrativas y las inmobiliarias[18].

En virtud, pues, del principio romano de que "el juez de la acción es el juez de la excepción", al juez civil le corresponde pronunciarse sobre todos los medios de defensa (excepción en sentido amplio), debiendo hacerlo respecto de cada una de ellas para llegar a la decisión final, aun cuando esas defensas exijan la solución de una cuestión previa que escaparía a su competencia si fuese propuesta por vía de acción. Así, un tribunal es llamado a conocer de una demanda de ejecución de un contrato y el demandado alega en su defensa la nulidad del contrato. Ello significa que el juez puede pronunciarse sobre la nulidad invocada, sin estar obligado a someter esa defensa a otro tribunal competente; pero el tribunal se pronuncia sobre los medios de defensa sin efecto de cosa juzgada, es decir, que la cuestión podrá ser nuevamente discutida en otro juicio.

---

18 En el antiguo derecho francés, dice ODERIGO (*ob. cit.*, pág. 68), prevaleció el principio romano de que el juez de la acción lo era también de la excepción, de modo que el llamado a pronunciarse sobre un delito tenía facultad para conocer en todas las cuestiones incidentales que se plantearan de cualquier naturaleza que fueren (salvo que correspondieran a la competencia del fuero eclesiástico) y esa solución se veía favorecida por la circunstancia de que tanto la competencia criminal como la civil estaban concentradas en manos de los parlamentos, con la doble ventaja, dice TRÉBUTIEN (t. II, pág. 188), de economizar gastos y dar unidad al procedimiento. Las dificultades surgieron al separarse ambas jurisdicciones; por una parte, apareció el jurado, encargado de juzgar los hechos considerados delictuosos, pero ignorante de las leyes y procedimientos civiles; por otra, los particulares, que, valiéndose de la ventaja que les reportaba la no exigencia en la justicia del crimen, del principio de prueba por escrito para acreditar el estado de las personas, recurrían a este fuero como medio para suplir este defecto. Esta fue principalmente la causa por la cual los tribunales establecieron, primero que los pronunciamientos de la justicia criminal sobre las cuestiones de estado no producen efecto de cosa juzgada en el fuero civil, y que luego se dispusiera la suspensión del proceso penal hasta que recayese pronunciamiento en el fuero civil, regla ésta consagrada después por el cód. civil.

El principio no está consagrado en ningún texto expreso, pero se deduce por la jurisprudencia del concepto de jurisdicción, ya que es inadmisible que en tales casos el proceso pueda ser dividido en diversas cuestiones sometidas a tribunales diferentes y de las excepciones que al mismo resultan de las disposiciones legales, y que obligan al juez a suspender su sentencia hasta tanto el tribunal competente se pronuncie sobre la defensa opuesta; así, el ejercicio de la acción civil resultante de una infracción de carácter penal, debe suspenderse de oficio en la jurisdicción civil en tanto no haya pronunciamiento definitivo sobre la acción pública intentada antes o pendiente la acción civil, en virtud del principio *"le criminel tient le civil en état"* (cod. de instrucción criminal, art. 3); los tribunales civiles no pueden resolver sobre la validez o interpretación de actos administrativos mientras la cuestión no sea decidida por un tribunal administrativo (Consejo de Estado, Consejo de Prefectura, autoridades administrativas según el caso)[19]; cuando ante un tribunal de comercio se plantea una cuestión de estado (filiación, nacionalidad, matrimonio), debe remitirse al tribunal civil (cód. de proc., art. 426); si ante un tribunal de excepción se plantea una cuestión inmobiliaria, debe suspenderse y remitirse al tribunal civil (ley de 12 de julio de 1905)[20]. También es prejudicial el supuesto previsto por el artículo 189 del código civil, el cual dispone que "si el cónyuge bígamo pretende que su primer matrimonio es nulo, la cuestión de validez o nulidad de este primer matrimonio debe ser juzgada previamente", suspendiéndose entretanto el pronunciamiento[21].

La autoridad de la cosa juzgada se limita a la parte dispositiva de las decisiones judiciales; ella no se extiende a los motivos tomados aisladamente y abstracción

19 Ello no significa, dice MOREL (N° 275), que los jueces no pueden aplicar los reglamentos administrativos, pero no pueden *interpretar los actos administrativos* que constituyen decisiones individuales o cuando se cuestiona la validez de un reglamento administrativo.

20 MOREL, n°s 274-278. GLASSON et TISSIER, n°s 283 - 284.

21 DEMOLOMBE, t. III, N° 330.

hecha de la parte dispositiva; sin embargo, los motivos participan de esa autoridad, según la jurisprudencia, cuando se relacionan con la parte dispositiva por un lazo indispensable y necesario para aclarar su sentido o determinar sus límites[22].

Debe recordarse, a fin de interpretar correctamente estas disposiciones, que la sentencia tiene que pronunciarse sobre todas las cuestiones propuestas por las partes en sus conclusiones definitivas y que de acuerdo con el decreto-ley del 15 de julio de 1944, art. 82, hasta ese momento las partes pueden modificar sus fundamentos de hecho o de derecho por vía incidental (ampliación de la demanda o reconvención) en cuyo caso les alcanza los efectos de la cosa juzgada[23].

C) ALEMANIA.

Antes de unificarse la legislación procesal del imperio, en los diversos estados regían sistemas opuestos, pues en algunos casos se seguía el de la prejudicialidad penal absoluta (el juez penal debía resolver incluso las cuestiones civiles) y en otros el de la prejudicialidad civil absoluta (el juez civil podía resolver las cuestiones penales)[24]. La Ordenanza Procesal de 1877 sigue el sistema romano a través de su modelo el código francés, pero con algunas diferencias. El tribunal civil de primera instancia es competente para resolver todas las cuestiones que se susciten durante el proceso, incluso las de carácter penal, aunque al solo efecto de resolver la cuestión de fondo, pues ni la sentencia civil vincula al juez penal, ni la sentencia penal vincula al juez civil, si bien el juez civil puede en ciertos casos suspender su pronunciamiento hasta que el juez penal (o también el administrativo), decida la cuestión en vía principal (art. 286)[25].

El tribunal civil no solamente está capacitado para

22 MOREL, N° 577. GLASSON et TISSIER, N° 773.

23 MOREL, N° 277 *bis*. ALSINA, *Tratado* (2ª), t. I, pág. 148.

24 AGUILERA DE PAZ, *ob. cit.*, pág. 56.

25 KISCH, *ob. cit.*, págs. 37 y 141.

examinar en todos sus aspectos la acción ejercitada, sino para investigar todas las cuestiones previas de las cuales dependa la existencia de aquélla; esas cuestiones son los llamados *puntos o cuestiones prejudiciales.* Así, si se demanda un crédito perteneciente a una herencia, el tribunal no sólo puede examinar la cuestión de la existencia del crédito, sino también si el actor que lo pretende es realmente el verdadero heredero[26]. Hasta la conclusión de la audiencia en que se pronuncie la sentencia, puede el actor, por ampliación de su petición de la demanda y el demandado por medio de una demanda reconvencional, pedir que el tribunal se pronuncie sobre alguna relación jurídica controvertida en el curso del proceso y de cuya existencia o inexistencia dependa en todo o en parte la resolución del negocio (art. 280)[27].

La sentencia debe reflejar el estado jurídico existente al momento de la conclusión de la última vista oral y pronunciarse en consecuencia sobre todas las cuestiones propuestas, incluso las llamadas prejudiciales, pero la cosa juzgada cubre sólo a la parte dispositiva de la sentencia y no alcanza a aquéllas (art. 322)[28]. Así, en el

26 Kisch, *ob. cit.,* pág. 62.

27 Kisch, *ob. cit.,* pág. 163. Alsina. *Tratado* (2°), t. I, pág. 140.

28 Los autores (Rosenberg, *ob. cit.,* t. II, pág. 472; Schönke, *ob. cit.,* pág. 267; Kisch, *ob. cit.,* pág. 60; Goldschmidt, *ob. cit.,* pág. 338), hacen notar que esta disposición fue introducida expresamente para evitar la influencia de la doctrina de Savigny, en ese momento muy difundida, pero que no siempre puede determinarse el objeto y los límites de la cosa juzgada sino con ayuda de los fundamentos. Como es sabido, Savigny (*Sistema de derecho romano actual,* t. VI, nos 291 y sigtes.) enseña que la parte dispositiva de la sentencia, por lo común, tomada separadamente de los motivos, no dice nada que permita conocer el proceso mental que llevó al juez a adoptar esa decisión. Si el demandado por incumplimiento de una obligación opone varias excepciones y el juez acepta algunas y lo absuelve, la parte dispositiva no contendrá otra cosa que la absolución, sin expresar cuales excepciones han sido aceptadas y cuales rechazadas. Si a la demanda por cobro de una suma de dinero se opone la compensación y el juez la rechaza, la parte dispositiva contendrá sólo la condenación al pago, sin expresar que la cantidad reclamada no era debida, o no era líquida o no era suficiente para que procediese la compensación. Para conocer pues, el pensamiento del juez, es necesario examinar los motivos en que se fundamenta su decisión, sin lo cual la excepción opuesta no podría ser aceptada o rechazada. Entre los motivos que determinan la decisión del

ejemplo propuesto, si la cuestión relativa a la calidad de heredero ha sido resuelta favorablemente y en virtud de ello se ha hecho lugar a la demanda, esa resolución no produce efecto de cosa juzgada, y puede la calidad de heredero ser impugnada nuevamente en otro proceso entre las mismas partes. Estas, sin embargo, pueden obtener un pronunciamiento con efecto de cosa juzgada respecto de la cuestión prejudicial haciendo uso del derecho que les acuerda el art. 280, es decir, ampliando el actor su demanda o proponiendo el demandado una reconvención[29].

D) AUSTRIA.

Según el Reglamento Procesal (arts. 190 y 191), el juez tiene competencia para resolver todas las cuestiones prejudiciales, entendiéndose que tienen este carácter aquéllas sin cuya previa decisión no puede pronunciarse respecto de la propuesta en vía principal, aunque para ello deba aplicar el derecho administrativo o el penal, pero la decisión es al solo efecto de resolver sobre la demanda del actor[30]. Este, independientemente del consentimiento del demandado, y hasta el cierre de la audiencia oral sobre la base de la cual se pronuncia la sentencia, puede solicitar que una relación jurídica determinada, que ha sido traída en cuestión en el curso del procedimiento, y de cuya existencia o inexistencia depende totalmente o en parte la decisión en relación a la petición del demandante, sea materia de un pronunciamiento obligatorio, ya en la

---

juez, hay que establecer la siguiente distinción; los unos son *objetivos* y a esta clase pertenecen las partes constitutivas de las relaciones de derecho que llama "elementos de la relación jurídica"; los otros son *subjetivos*, y a ellos corresponden los móviles que influyen sobre el espíritu del juez y lo obligan a afirmar o a negar la existencia de estos elementos objetivos. De ahí se deduce que la autoridad de la cosa juzgada se extiende a los motivos objetivos de la sentencia, entendiéndose por tales los que forman la relación de derecho litigioso, porque tales elementos una vez constatados forman parte integrante de la sentencia que pone fin a la litis.

29 KISCH, *ob. cit.*, pág. 260.

30 MENESTRINA, *ob. cit.*, pág. 127. ALSINA, *Tratado* (2ª), t. I, pág. 145.

decisión principal o bien en una decisión preliminar (art. 236). Asimismo, durante la audiencia oral de la causa, el demandado, sin necesidad del consentimiento del actor, puede interponer una petición en el sentido del art. 236 (art. 259). La sentencia tiene el efecto de la cosa juzgada sólo en tanto que su decisión se funde en la acción interpuesta mediante demanda o reconvención, o sobre una relación jurídica de derecho puesta en cuestión en el curso del procedimiento, y con respecto a la cual se ha solicitado una declaración expresa obligatoria en cuanto a su existencia o inexistencia según el art. 236 o el 259 (art. 411). Es decir, que fuera de estos casos la decisión de una cuestión prejudicial, o sea la que el juez debe resolver antes de pronunciarse sobre el fondo, no hace cosa juzgada y ella puede ser nuevamente propuesta en otro proceso en vía principal[31].

E) ITALIA.

No existe una norma expresa que consagre el principio de que "el juez de la acción es también juez de la excepción", pero ella se ha deducido, como lo hizo la doctrina y la jurisprudencia francesa, de las limitaciones impuestas por el derecho positivo. Para interpretar sus disposiciones es necesario tener presente que era un principio admitido por razones de conveniencia y economía procesal, que las partes podían indistintamente y en cualquier estado del juicio proponer en vía incidental una cuestión sustancial vinculada a la litis principal, de acuerdo con la elaboración hecha por la doctrina francesa, y llevada luego al derecho positivo por la ley alemana (art. 28), la austríaca (arts. 236 y 259) y la húngara (art. 189), aunque la doctrina en Italia estaba muy dividida respecto de su alcance[32]. Reaccionando contra este sistema, el nuevo Código Procesal Civil de 1942 establece que todos los medios de defensa han de alegarse desde un principio en los escritos preparatorios (arts. 163 y 167), pero se admite que en la primera

31 MENESTRINA, *ob. cit.*, pág. 184.

32 CHIOVENDA, *Instituciones*, t. I, N° 125. ALSINA, *Tratado* (2ª), t. I, pág. 155.

audiencia las partes pueden, en general, formular nuevos pedidos y excepciones que sean consecuencia directa de los ya formulados, pudiendo. por lo común, plantear nuevas excepciones y nuevas pruebas cuando el juez reconoce que responden a los fines de la justicia (art. 83). Una vez realizada la primera audiencia, la prohibición de nuevas deducciones es más severa; durante el trámite ulterior del juicio puede ofrecerse nuevas pruebas u oponerse nuevas excepciones solamente en el caso de que el juez lo permita cuando existen motivos graves" (art. 124); pueden también admitirse modificaciones a las conclusiones ya formuladas durante el curso de la instrucción, cuando la oportunidad de las mismas es el resultado de una prueba ya realizada (art. 189)[33].

Las disposiciones del Código procesal civil sobre el tema que interesan especialmente son las siguientes: *Art. 34.* - Si en virtud de la ley o del expreso pedido de una de las partes es necesario resolver con efecto de cosa juzgada una cuestión prejudicial que corresponda por materia o valor a la competencia de un juez superior, el juez remitirá la causa a este último, fijando un término perentorio a las partes para la reanudación de la causa ante él[34]. *Art. 35.* - Cuando se opone en compensación un crédito que es discutido y excede la competencia por valor del juez prevenido, éste puede resolver la demanda fundada en un título no controvertido o de fácil reconocimiento, o bien remitir a las partes ante el juez competente para resolver la excepción de compensación, subordinando, cuando es necesario, la ejecución de la sentencia a la prestación de una fianza; en caso contrario, aplica las disposiciones del artículo precedente[35]. *Art.*

33 *Relación Grandi,* N° 24.

34 SATTA hace notar (*ob. cit.,* N° 22) las dificultades a que da lugar la aplicación del art. 34.

35 CALAMANDREI (*Instituciones,* pág. 227) dice que en esta forma la ley regula, a los efectos de la competencia, las relaciones entre la causa prejudicial y la causa en el curso de la cual la prejudicialidad ha surgido; relaciones que pueden ser de reunión en el mismo juicio (art. 34), o bien de separación y de consiguiente suspensión del juicio (art. 295). El art 23 apartado 2°, de la ley N° 87 del 11 de marzo de 1953, plantea también la cuestión prejudicial, al disponer que cuando el juicio no pueda ser definido independientemente de la

295. - El juez dispone que el proceso se suspenda en la hipótesis del art. 3° del Código procesal penal, y en cualquier otro caso en que él mismo u otro juez deben resolver una controversia civil o administrativa, cuya definición es previa a la decisión del juicio.

Por su parte, el art. 3° del Código procesal penal establece: "Cuando en el trámite de un juicio civil se pone de manifiesto algún hecho del que surja un delito que puede denunciarse de oficio, el juez debe comunicárselo con nota al Procurador del Rey (Fiscal), remitiéndole los informes y documentos pertinentes. Debe procederse en la misma forma cuando se trate de un delito que no puede denunciarse de oficio, si existe querella, denuncia o petición deducidas ante autoridad competente. Si se inicia la acción penal, cuyo conocimiento influye en la decisión de la controversia civil, se suspenderá el juicio civil, siempre que la ley no disponga otra cosa, hasta tanto no recaiga en el sumario la sentencia de sobreseimiento y no sea ya impugnable, o en el plenario la sentencia irrevocable o el decreto de condena sea ya ejecutorio. Las disposiciones anteriores se aplican también en los juicios ante las jurisdicciones administrativas y autoridades públicas. Estando en trámite la acción penal el juez civil o administrativo o la autoridad pública que procede en vía disciplinaria, ordenará la suspensión del juicio[36].

---

resolución sobre la constitucionalidad de una ley o de un acto del poder público, la autoridad jurisdiccional suspenderá la causa y remitirá la cuestión a la Corte Constitucional. CAPPELLETTI, *La pregiudicialita costituzionale nel processo civile,* Milano, 1957.

36 Dispone además el cód. proc. penal.: *Art. 19.* Cuando la decisión sobre la existencia de un delito depende de la resolución de una controversia sobre el estado de las personas, el ejercicio de la acción penal queda en suspenso hasta tanto sobre tal controversia se pronuncie la sentencia indicada en la primera parte del art. 21. *Art. 20.* -Salvo lo que se halla establecido en el artículo precedente, cuando la decisión sobre la existencia de un delito dependa de la resolución de una controversia de competencia de un juez civil o administrativo, el juez penal *puede,* aun de oficio, por medio de ordenanza, remitir tal solución al juez competente. Esta facultad puede ejercitarse sólo si la controversia no es de fácil resolución y la ley no pone límites a la prueba del derecho controvertido. *Art. 21.* -La sentencia del juez civil que ha decidido una de las controversias previstas por el art. 19 forma estado en el procedimiento penal cuando haya adquirido autoridad de cosa juzgada. La sentencia del juez civil o administrativo

F) **España.**

Dispone el art. 55 de la Ley de Enjuiciamiento Civil de 1881 que: "Los jueces y tribunales que tengan competencia para conocer de un pleito, la tendrán también para conocer de las excepciones que en él se propongan; para la reconvención en los casos en que proceda para todas sus incidencias; para llevar a efecto las providencias y autos que dictaren y para la ejecución de las sentencias". Las pretensiones de las partes quedan fijadas en la demanda y en la contestación, pero el art. 548 establece que en los escritos de réplica y duplica las partes podrán ampliar o modificar las pretensiones y excepciones que hayan formulado en la demanda y en la contestación, sin que puedan alterar las que sean objeto principal del pleito, aunque podrán alegarse hechos nuevos durante el primer período del término de prueba (art. 563) o en segunda instancia (art. 868, inc. 3°). El artículo 359 establece: "Las sentencias deben ser claras, precisas y congruentes con la demanda y con las demás pretensiones deducidas oportunamente en el pleito, haciendo las declaraciones que éstas exijan, condenando o absolviendo al demandado y decidiendo todos los puntos litigiosos que hayan sido objeto del debate. Cuando éstos hubieran sido varios se hará con la debida separación el pronunciamiento correspondiente a cada uno de ellos"[37].

Refiriéndose a estas disposiciones dice Prieto Castro[38], que con arreglo al art. 55 citado, según el cual los jueces y tribunales tienen competencia para fallar "sobre todas las incidencias", del pleito en que entienden, ha de estimarse

---

que anterior o posteriormente a la iniciación del procedimiento penal ha decidido entre las mismas personas una de las controversias previstas por el art. 20, forma estado en el procedimiento penal cuando haya adquirido autoridad de cosa juzgada y siempre que la ley no establezca limitaciones a la prueba del derecho que era objeto de la controversia decidida con aquella sentencia. Sobre el tema, Manzini, *ob. cit.*, t. I, pág. 367, nos 82 y sigtes.

37 Aragoneses, *Sentencias congruentes. Pretensión, oposición y fallo,* Madrid, 1957. Alsina, *Tratado* (2a), t. I, pág. 182.

38 *Tratado,* t. I, pág. 153.

que éstos pueden resolver *incidenter tantum* y sin efecto de cosa juzgada, todas las cuestiones que se le presenten como antecedente lógico-jurídico, condicionantes del fallo sobre lo principal. Así, una cuestión administrativa: el juez de lo civil puede decidir si un Colegio Notarial es una corporación de Derecho Público a efecto de resolver en un pleito donde el mismo pretende que sus oficinas sean consideradas como vivienda (art. 8, L. A. U.); una cuestión penal: el juez civil determina si la imputación que faculta para revocar la donación (cód. civ., art. 638) es un delito y precisamente de los que "dan lugar a un pronunciamiento de oficio o acusación pública", o si han mediado "las injurias graves" que son causa de divorcio (arts. 853, inc. 2°; 854, incs. 1° y 5°). Pero en otros casos rige el principio *"le criminel tient le civil en état"*[39], es decir, que el juez civil debe hacer depender su pronunciamiento de la sentencia del juez penal, aunque este principio está cada vez más debilitado, porque se amplían las facultades del juez para conocer de las cuestiones prejudiciales, lo cual se observa también respecto de los jueces laborales y sólo se aplica estrictamente cuando hay una disposición expresa. Así[40], el art. 362 de la L. E. Civ., que ordena la suspensión de la sentencia cuando el tribunal civil hubiera de fundarla exclusivamente en el supuesto de la existencia de un delito; y el art. 514 cuando se alegue la falsedad de un documento. La Ley de Enjuiciamiento Criminal ha seguido un sistema mixto, porque acepta (art. 3°) el principio de la absoluta independencia de la acción penal y, por consiguiente, de la competencia represiva para conocer, aunque sólo a los efectos de la punición, de las cuestiones prejudiciales que deben sustanciarse con motivo del ejercicio de la acción penal, con excepción (art. 5°) de las cuestiones civiles referentes al matrimonio o a la supresión del estado civil.

De acuerdo con el art. 1252 del código civil la cosa juzgada existe sólo respecto de las cuestiones expresamente decididas en la sentencia y no alcanza a los motivos o fundamentos de la misma, los que no obstante

39 *Id.*, pág. 154.

40 *Exposición*, I, pág. 64.

pueden ser invocados para interpretar el fallo cuando su parte dispositiva sea insuficiente, pero no aisladamente para fundar una excepción de cosa juzgada[41].

G) ESTADOS UNIDOS DE NORTEAMÉRICA.

Es un hecho evidente, dice WYNESS MILLAR[42], que toda sentencia judicial, cualquiera sea su carácter, consiste en premisas y conclusión, pero mientras en los sistemas continentales generalmente las sentencias expresan los fundamentos de la decisión, en nuestro sistema, como en el sistema inglés[43], la expresión de las premisas debe buscarse a menudo fuera de la verdadera sentencia de fondo y aun de prueba *aliunde* a la audiencia. De acuerdo con el principio romano, la competencia del juez se extiende a todas las cuestiones planteadas en el litigio y la cosa juzgada cubre las que hubieran sido objeto de una resolución expresa. La tendencia de la jurisprudencia es en el sentido de que no son tanto los fundamentos de la decisión como tales sobre los que se debe insistir, como sobre el estudio de si el punto en cuestión había constituido materia de controversia en un juicio anterior. Esta es la noción que caracteriza la doctrina dominante, cuyo establecimiento ha tenido su factor más importante en el caso *Cromwell v. County of Sac*, (U. S. 351. 1876), decidido por la Corte Suprema de Estados Unidos en el cual, después de expresar la regla indiscutible que cuando el segundo pleito se refiere a la misma causa de acción que la del primero (en el derecho americano el concepto de causa comprende, los fundamentos, las partes y el objeto), la sentencia es conclusiva en cuanto a todo fundamento de demanda o defensa, *que se interpuso o pudo haberse interpuesto*. Pero hay que tener en cuenta dentro de este criterio general tres orientaciones en la jurisprudencia: *a) La regla de la conclusividad de las premisas*. De acuerdo con ella, para que cualquier parte de la premisa pueda estimarse conclusivamente adjudicada,

41 *Id.*, pág. 318.

42 06. *cit.*, cap. III.

43 ALSINA, *Tratado* (2ª), t. I, págs. 188 y 167 respectivamente.

como para obligar con respecto al punto en cuestión, ese punto debe haber estado en discusión en el juicio previo y si es de hecho debe haber constituido materia de admisión o reconocimiento, expreso o implícito, en los procedimientos precedentes. Esta doctrina representa sin duda la mayoría de las jurisdicciones americanas, *b) La regla de la conclusividad calificada de las premisas.* Según ella la cuestión debe haber sido cuestionada y resuelta expresamente, y se excluyen los supuestos de reconocimiento o admisión. *c) La regla de la conclusividad absoluta de las premisas.* Se apoya sobre la base de que la conclusión alcanzada por la sentencia es cosa juzgada y que cada parte de las premisas *esenciales* para sostener esa conclusión hace también cosa juzgada. De este modo es lícito razonar retrospectivamente, desde la conclusión a las premisas[44]. Pero el concepto de prejudicialidad en el sistema americano, por razones históricas y por el régimen procesal, es mucho más amplio que en el continental, no sólo porque deben tenerse en cuenta las distintas jurisdicciones, sino la intervención del jurado en las cuestiones de hecho.

III. — LA DOCTRINA

a) Toda decisión del juez, referida al desarrollo del proceso y a la decisión sobre el mérito, dice MENESTRINA[45], consta de dos elementos: de una operación lógica y de un mandato; y se diría que el primero sostiene al segundo, porque en una sociedad organizada el juez no puede imponer violentamente su voluntad. El juez razona como hombre y actúa como autoridad. Cuando

44 Otro aspecto característico del proceso civil norteamericano dice SERENI, es el de la insuficiente estabilidad y carácter definitivo de la sentencia. También esto es reflejo de una concepción social de orden general: el pragmatismo es parte de la vida americana. Como base de la no definitividad de la sentencia, está un concepto ético-jurídico de notable importancia, y es que la certeza de las relaciones jurídicas es menos importante que la posibilidad de adecuarla constantemente a las mudables exigencias de la justicia y de la vida social. *El proceso civil en los Estados Unidos* (trad. SENTÍS MELENDO, Buenos Aires, 1958, pág. 119, N° 83).

45 *Ob. cit.*, pág. 27.

se habla de prejudicialidad[46], en la sentencia civil, penal o administrativa, es evidente que no se piensa en el elemento imperativo, sino en el resultado del proceso lógico. Pero al lado de la concepción *lógica* hay que poner una concepción *jurídica* de la prejudicialidad, que nace de la unión de un nuevo elemento a la prejudicialidad lógica y que es la igualdad de la naturaleza del prejudicial y del final. De donde se sigue que todo lo que es jurídicamente prejudicial, lo es también lógicamente, pero no viceversa. Esta amplitud aquí afirmada[47] del campo de la prejudicialidad jurídica, en el sentido de que ella se extiende a todos los supuestos en que en el *praeiudicium* pueda encontrarse los elementos esenciales de todo *iudicium* jurídico, o sea la subsunción del caso a la norma, no concuerda con la propuesta por otros, según los cuales una cuestión es sólo prejudicial si ella puede ser objeto de un proceso independiente. Nuestra limitación es menos atrevida, pues deja a la prejudicialidad un campo más vasto, y para persuadirnos de ello basta examinar los casos en que puede haber una subsunción del hecho a la norma jurídica: *a)* en la investigación de las relaciones jurídicas, de los derechos subjetivos y de la pretensión (que se hallan en relación de dependencia); *b)* en la investigación de hechos jurídicos, que son tanto los hechos como los estados jurídicos. De acuerdo con ello pueden formularse[48] las siguientes distinciones: *a)* Cuando el proceso se desenvuelve en forma llana, sin contradicción del demandado, no ofrece más que *puntos* prejudiciales. *b)* Cuando el punto es controvertido[49] nace la *cuestión* prejudicial (de donde el nombre de "incidente" que debe ser resuelto por el mismo juez, pero sin efecto de cosa juzgada).

c) Cuando la cuestión prejudicial[50] debe ser resuelta por disposición de la ley o a propuesta de las partes

46 *Id.*, pág. 89.

47 *Id.*, pág. 92.

48 *Id.*, pág. 121.

49 *Id.*, pág. 123.

50 *Id.*, pág. 133.

(arts. 236, 239, cód. austríaco), por el mismo juez o por otro de distinta jurisdicción, con efecto de cosa juzgada *(principaliter),* nace la *causa* prejudicial. Punto, cuestión y causa prejudicial son los tres grados de la prejudicialidad[51]. La cosa juzgada[52] se limita a la parte dispositiva de la sentencia y los motivos sólo pueden servir para determinar el alcance de aquélla cuando no fuere suficientemente clara y expresa, pero carecen de valor fuera del proceso.

b) Considerando el conocimiento del juez, dice CHIOVENDA[53], como un simple trabajo lógico, se habría llegado a atribuir a todos los pronunciamientos sobre puntos controvertidos durante el pleito, la misma autoridad de la decisión final. Pero el juez no es un lógico cualquiera, es un magistrado que provee sobre las "demandas" de las partes, y si la extensión de la cosa juzgada a todas las cuestiones podría tener alguna ventaja porque evitaría cualquier proceso futuro y decisiones contradictorias, serían mucho mayores los inconvenientes, porque las partes, al proponer una acción o al defenderse, no tendrían certidumbre en torno a los límites y alcance del pleito y serían constreñidas a preparar un esfuerzo de ataque o de defensa desproporcionado a su intento. De aquí la necesidad de mantener la cosa juzgada dentro de los límites de la demanda y de distinguir en el conocimiento las cuestiones prejudiciales o motivos sobre los cuales se pronuncia *incidenter tantum,* esto es, de preparar el pronunciamiento, aunque no entren en su competencia, pero sin efecto de cosa juzgada, y la demanda a base de la cual el pleito viene asignado a su competencia y

51 Para ilustrar el concepto, COSTA (*ob. cit.,* pág. 321) propone el siguiente ejemplo: la declaración de si es debida una cuota de una deuda (causa principal) presupone la existencia de un crédito (punto prejudicial); si se niega la existencia del crédito, el juez se pronuncia sobre ella *inter tantum* (cuestión prejudicial); si se impugna la relación jurídica de la que el crédito deriva (por ejemplo, la falsedad), debe ser resuelto con efecto de cosa juzgada por el juez de la causa o por el juez penal o administrativo según el caso (causa prejudicial).

52 MENESTRINA, *ob cit.,* pág. 155.

53 *Principii,* pág. 1151.

sobre las que provee *principaliter* con autoridad de cosa juzgada. De lo contrario, dada la necesaria distribución de la competencia entre jueces diferentes y por la cual toda decisión con autoridad de cosa juzgada debe proceder del juez competente, veríamos un continuo suspender de pleitos para reenviarlos de uno a otro magistrado. Siguiendo el planteamiento de Menestrina, distingue entre *punto prejudicial* (antecedente lógico no controvertido); *cuestión prejudicial* (antecedente lógico controvertido sobre el cual se pronuncia *inter tantum* el juez de la causa); y *pleito prejudicial* (antecedente lógico discutido, que se resuelve incidentalmente por el juez de la causa con efecto de cosa juzgada a propuesta de las partes o por otro juez de distinta competencia en los casos ordenados por la ley)[54]. La cosa juzgada[55] reside en la parte dispositiva de la sentencia y consiste en que en un proceso futuro no puede desconocerse o disminuirse el bien reconocido en una sentencia precedente; pero el excluir los *motivos* de la sentencia de la cosa juzgada, no debe entenderse en el sentido formal, es decir, que pase a ser cosa juzgada sólo lo que está escrito en la parte dispositiva, porque, por el contrario, para determinar el alcance de la cosa juzgada es necesario en la mayoría de los casos identificar la acción buscando la *causa petendi*, es decir, remontarse a la demanda[56].

---

54 *Principii,* pág. 158. El principio fundamental que domina esta materia, agrega Chiovenda *(Instituciones,* t. I, N° 124, pág. 429), es que las cuestiones prejudiciales se resuelven por regla general, por el juez de lo principal sin efecto de cosa juzgada. Pero el principio (N° 125, pág. 431), está moderado por una serie de casos en los que por disposición de la ley o por petición de las partes el juez debe darle una solución semejante, mediante una declaración incidental, a la que daría en un proceso autónomo, con trascendencia fuera del proceso, es decir con efecto de cosa juzgada; o bien remitir a otro tribunal para su previa resolución, como cuando se trata de una cuestión penal. Es decir que para Chiovenda, la cuestión es cuando el punto controvertido debe resolverse con efecto de cosa juzgada (*principaliter*) por el mismo juez de la causa (mediante declaración incidental), o por otro juez de distinta jurisdicción (causa prejudicial).

55 *Instituciones,* N° 128.

56 Desarrollando este concepto expresa (*Cosa juzgada y preclusión,* en *Ensayos,* t. III, pág. 271) que cuando se dice que las cuestiones lógicas

c) Para Carnelutti[57] en rigor de terminología es "prejudicial" toda cuestión cuya solución constituye una premisa de la decisión; pero en su concepto solamente son prejudiciales, en sentido técnico, las cuestiones cuya solución (por el juez de la causa o por el de otra jurisdicción) constituyen a su vez una premisa de la decisión también en otros litigios, lo cual se advierte fácilmente teniendo presente los supuestos de la acumulación. Si una mujer reclama alimentos contra el marido, el juez no puede acordarlos sin conocer si el matrimonio es o no válido; la condena del marido a prestar los alimentos implica afirmación de la validez del matrimonio, pero esta afirmación tiene valor sólo en cuanto es premisa de la declaración de la obligación del marido a los alimentos, no en cambio a los efectos de las otras obligaciones que incumben a los cónyuges o a la legitimidad de la prole. Pero si el marido alega la nulidad del matrimonio, el proceso no sirve ya solamente para la decisión del litigio sobre los alimentos, sino de los varios litigios en que se agiten los intereses opuestos de los cónyuges, para la solución de los cuales la ley establece sus obligaciones y derechos. Se dice entonces que la declaración es incidental. La ley italiana no lo autoriza expresamente (se refiere al código anterior), como la alemana (art. 280) y la austríaca (arts. 236- 259), los cuales reconocen a cada parte el derecho de pedir en el curso del proceso la

---

decididas por el magistrado pueden siempre renovarse en los juicios sucesivos con tal que no atente al bien reconocido en la sentencia, no se quiere en absoluto aislar el pronunciamiento del juez de las razones sobre las cuales está fundado, porque esto conduciría a resultados absurdos. Una reivindicación puede ser rechazada porque se niega el derecho de propiedad del actor o porque se niega la posesión del demandado; una excepción de compensación puede ser rechazada porque se declara inexistente el crédito del demandado o porque se excluye su carácter litigioso. Si en estos casos se debiera tener en cuenta el puro hecho de que la reivindicación fue rechazada o de que la demanda de pago fue acogida, se llegaría al resultado de que el actor no podría proponer la reivindicación después que el demandado haya llegado a ser poseedor de la cosa, y que respectivamente el demandado por falta de carácter líquido de su crédito no podría ya hacer valer contra el actor el crédito antes opuesto en compensación, soluciones manifiestamente inaceptables.

57 *Sistema*, N° 374.

declaración de una relación jurídica controvertida entre partes, cuando de su existencia o inexistencia dependa en todo o en parte la demanda, pero a pesar del silencio de la ley se admite que debe llegarse al mismo resultado por vía de interpretación.

d) Después de recordar la estrecha vinculación entre la *causa petendi,* el *petitum* y la sentencia y la distinción hecha por Menestrina, entre punto, cuestión y causa prejudicial, dice Heinitz[58] que la jurisprudencia se inclina a reconocer que los motivos de la sentencia quedan comprendidos en los efectos de la cosa juzgada cuando constituyan el presupuesto lógico y necesario del dispositivo, aun cuando no exista a su respecto una decisión expresa (cosa juzgada implícita), pero considera exacta la conclusión de Chiovenda de que la cosa juzgada se limita a la parte dispositiva y que los motivos sólo pueden servir para determinar el alcance de ésta cuando no sea suficientemente clara y expresa, remontándose a la demanda si para ello fuere necesario identificar la pretensión deducida en la acción. El problema se presenta cuando se pretende hacer valer en otro juicio las conclusiones de una premisa de la sentencia. Para ello debe tenerse presente que la cosa juzgada se limita "al bien de la vida que ha sido reconocido o negado en la sentencia", para lo cual debe tenerse en cuenta la causa *petendi* y el *petitum.* Por ejemplo: *A* demanda a *B* el pago de una deuda contraída por *C* de quien *B* es heredero y ha ejecutado contra él la sentencia condenatoria. Posteriormente *B* descubre que no es heredero de *C* y demanda a *B* por enriquecimiento sin causa. Indudablemente esta demanda debe ser rechazada, no porque sea irrevisible el pronunciamiento *inter tantum* sobre la cuestión prejudicial (calidad de heredero), aunque sea implícita, sino porque la parte dispositiva, que lo condenó al pago de una suma, está de acuerdo con la *causa petendi* y el *petitum.* Pero nada obsta a que en otro juicio *B* demande a *C* la devolución de una cosa que le entregó creyéndose heredero de *C* y pruebe que no era tal, pues la parte dispositiva de la primera sentencia se

58 *I limiti oggetivi della cosa giudicata,* pág. 200, N° 18, Padova, 1937.

refiere a un objeto distinto.

e) El proceso dice MANZINI[59] es el instrumento específico para la ley penal, pero ocurre que en la práctica vienen a agregarse a la cuestión relativa al delito por el que se acciona, otras cuestiones jurídicas, ya porque una determinada pretensión punitiva puede hallarse en particular relación con otras pretensiones punitivas derivadas del mismo o de otros hechos, ya porque en el proceso penal pueden presentarse cuestiones de naturaleza jurídica no penal. De ello se infiere[60] que las posibles hipótesis de conexión se reducen a las dos categorías siguientes: *a)* relación de varias materias penales entre sí (conexión de materias jurídicamente *homogéneas); b)* relación entre varias materias penales y varias materias jurídicamente diversas de derecho público o privado (conexión de materias jurídicamente *heterogéneas*). Denomínase *prejudicial*[61] toda cuestión jurídica cuya resolución constituya un *presupuesto* de la controversia principal sometida a juicio. Difiere de la cuestión *preliminar* en que ésta es independiente del mérito, con el que está en conexión únicamente por vía de una relación formal o colateral, y en que mientras la cuestión preliminar es siempre controvertida, la prejudicial puede haber sido ya decidida y en caso contrario suspende el curso del proceso. Aunque el contenido de la prejudicial está regulado por una rama del derecho diferente al contenido de la controversia principal, *la decisión de la cuestión principal heterogénea,* que en otra forma, según las normas ordinarias de la competencia, debiera ser decidida por otro juez, *corresponde también al juez de la controversia principal.* Este concepto se expresa por medio de la fórmula "el juez de la acción es también juez de la excepción", porque la jurisdicción dada al juez en relación al objeto principal del proceso implica la competencia para conocer de toda cuestión jurídica homogénea o heterogénea necesaria para la decisión principal, *salvo que la ley disponga expresamente lo contrario,* como en las

59 *Ob. cit.,* N° 59.

60 *Id.,* N° 60.

61 *Id.,* N° 75.

cuestiones matrimoniales o administrativas.

f) Expresa Morel[62] que la regla "el juez de la acción es juez de la excepción" significa que el juez competente para una demanda es también competente para conocer sobre todos los medios de defensa opuestos a esa demanda, aun cuando esas defensas exijan la solución de una cuestión que escaparía a su competencia si fuese propuesta en vía principal. La regla tiene fundamentos de buen sentido y de utilidad, porque es necesario que el juez conozca de todo el proceso entero, de todos los elementos necesarios para asegurar su solución, pues sería inadmisible que un proceso pueda ser dividido en diversas cuestiones sometidas a tribunales diferentes. Pero el tribunal se pronuncia sobre esos medios de defensa sólo en relación a la demanda, es decir sin efecto de cosa juzgada, o sea que la cuestión podrá ser nuevamente discutida en otro juicio. La regla tiene su excepción[63] en los casos en que la ley exige que esa cuestión sea decidida con efecto de cosa juzgada por otro tribunal competente y entonces se dice que la cuestión es "prejudicial". Lo que caracteriza la cuestión prejudicial no es que ella deba ser resuelta previamente, sino que el pronunciamiento debe ser dictado previamente "con efecto de cosa juzgada"; las demás son sólo defensas previas que integran la relación de fondo discutida y que deben ser resueltas por el juez de la causa[64]. Las cuestiones prejudiciales pueden ser clasificadas en dos grupos: las cuestiones prejudiciales *generales,* que pueden presentarse en todas las jurisdicciones civiles, y las cuestiones prejudiciales *especiales* a las jurisdicciones de excepción. Entre las cuestiones prejudiciales generales[65] cabe señalar en primer término las que se funden en el carácter administrativo del acto, lo cual no significa que los jueces civiles no puedan interpretar los

62 *Ob. cit.,* N° 273.

63 *Id.,* N° 274.

64 En el mismo sentido Glasson et Tissier, *ob. cit.,* n°s 283, 284. Garsonnet et Cézar-Bru, *ob. cit.,* N° 414.

65 Morel, *ob. cit.,* N° 275.

reglamentos administrativos, pero no pueden interpretar los *actos* administrativos que constituyan decisiones individuales o cuando se cuestiona la validez de un reglamento administrativo, cuya resolución corresponde a los tribunales administrativos. Una segunda cuestión prejudicial general resulta del art. 3 del cód. de instrucción criminal, por el cual el ejercicio de una acción civil debe suspenderse mientras no haya pronunciamiento definitivo sobre la acción pública intentada antes o pendiente la acción civil. La regla, en cambio, tiene aplicación[66] cuando la cuestión se plantea respecto de un tribunal comercial o de otro tribunal civil; por ejemplo, si el liquidador de una sociedad comercial plantea ante un juez civil una demanda y el demandado alega la nulidad de la sociedad, es una cuestión que debe ser resuelta por el juez civil, aunque originariamente no sea de su competencia. La regla se aplica también[67] tratándose de un juez de paz o de cuestiones del trabajo (*conseils de prud'hommes*), pero en los tribunales de excepción[68] la regla no se aplica y constituye una cuestión prejudicial cuando se trata de las cuestiones de estado (matrimonio, filiación, etc.).

g) En puridad de verdad, dice PRIETO CASTRO[69], sólo debería llamarse *cuestión prejudicial* a las que conceptuaremos como *homogéneas,* es decir a las que surgen dentro de un proceso sobre la misma materia de un objeto principal: por ejemplo, en un juicio sucesorio hereditario surge el problema acerca de la pertenencia de los bienes del causante. Cuando la cuestión que surge es de una materia cuyo conocimiento se encomienda a otra función del Estado, a distinta manifestación jurisdiccional o a la misma pero diferenciadas (por ejemplo, un problema de derecho civil común en un pleito laboral) o sea una cuestión *heterogénea,* estimamos que no deben llamarse, como se viene haciendo,

66 *Id.,* N° 276.

67 *Id.,* 277.

68 *Id.,* 277 *bis.*

69 *Tratado,* t. I, pág. 150.

simplemente prejudiciales, sino con mayor precisión *cuestiones prejudiciales jurisdiccionales.*

h) Por su parte GUASP[70] expresa que es posible que un asunto tenga relevancia no sólo para el orden civil sino para el de otra jurisdicción distinta, de tal modo que no pueda ser resuelto por la jurisdicción civil sin prejuzgar en cierto modo sus restantes caracteres. Cabe decir que nos hallamos entonces ante una *cuestión prejudicial de jurisdicción,* en el sentido de no ser una cuestión estrictamente civil pero cuya solución es necesaria para resolver el problema civil, a diferencia de las *cuestiones prejudiciales de competencia,* que exigen también una resolución anterior, pero no tienen una distinta naturaleza jurisdiccional. La Ley de enjuiciamiento Civil no tiene, como la Ley de enjuiciamiento Criminal, una serie diferenciada de preceptos dedicados a la regulación de las cuestiones prejudiciales, y de ese silencio se deduce que la existencia de una cuestión prejudicial no autoriza a suspender el fallo, es decir que el órgano de la jurisdicción civil ha de resolver también la cuestión prejudicial planteada y entrar al conocimiento del asunto, salvo que se trate de materia penal, en cuyo caso suspenderá el pronunciamiento, conforme lo dispone el art. 362 de la Ley de Enjuiciamiento Civil. Al tratar de la acumulación[71] agrega que una pretensión es *prejudicial* a otra cuando debe decidirse antes que aquélla, y debe decidirse antes cuando la resolución que sobre ella recaiga ha de tenerse en cuenta en la resolución, de la segunda.

i) JIMÉNEZ ASENJO[72] considera que de todas las clasificaciones propuestas en el terreno penal, la más racional es la que arranca de la dicotomía adversativa, de cuestiones prejudiciales genéricas y específicas. Son de la primera clase todas aquellas que exigen un tratamiento previo y no son específicas, considerándose a éstas como genuinamente prejudiciales porque requieren un sistema procesal adecuado. Las propias o específicas se distribuyen en dos grandes grupos de

70 *Comentarios,* t. I, pág. 983.

71 *Id.,* pág. 542.

72 06. *cit.,* cap. VIII, pág. 243.

ascendencia mazziniana: homogéneas y heterogéneas, según que pertenezcan a la misma clase jurisdiccional que la principal o a clase diversa. Esto determina que su resolución se reserve a los propios órganos que conocen de la acción (o pretensión, según el lenguaje moderno), o se remita su conocimiento a los genuinos de la excepción, o sea la cuestión. Las homogéneas, cabe a su vez, que se consideren excluyentes de la condena o de la pretensión que se deduce, o no excluyente si su resolución no la aniquila sino que facilita o coadyuva a su resolución. En frente se sitúan las impropias o formales y podría decirse en el lenguaje de GÓMEZ ORBANEJA "que se refieren a la posibilidad del juicio y de la sentencia como actos procesales independientemente de su contenido". Las primeras se referirán, pues, a las condiciones de legitimidad que la ley requiere para su ejercicio o viabilidad de la misma, v. gr., que la acción esté nacida *(actio nata)*, que esté viva (no prescrita), que no se halle interferida por alguna condición o plazo, que la ejercite quien posea legitimidad para ello, que se haga según los requisitos formales que la ley determina. Las segundas son referidas en general a las condiciones que se requieren para que el proceso sea idóneo, o sea, actúe válidamente, tanto en lo que hace a los requisitos o presupuestos de los sujetos, como al asunto u objeto. Las precedentes clasificaciones nos colocan en situación de poder entrever la posibilidad de obtener una definitiva referida a la naturaleza de la cuestión misma, según apunte a la legitimidad de la propia cuestión debatida o sus elementos fundamentales (acto ilícito), a su viabilidad procesal por no existir prohibición legal alguna que lo impida (requisitos previos administrativos) o desde otro punto de vista interno, los referentes a los presupuestos procesales o de la sentencia. El art. 55 de la Ley de Enjuiciamiento Civil adopta el principio de que el juez de la acción es el juez de la excepción; sólo las cuestiones o incidentes penales (prejudicial específica heterogénea) habrá que remitirla a la jurisdicción penal por el principio de la preponderancia jurisdiccional *(le penal tient le civil en état)*, pero aun aquí cabe señalar algunas limitaciones.

j) JOFRÉ no se ha ocupado de las cuestiones prejudiciales

en el proceso civil, pero ha expuesto su pensamiento al considerar la materia en el proceso penal. El juez del crimen, dice[73], es competente para resolver las cuestiones que pueden promoverse durante la sustanciación de la causa. Algunas veces, sin embargo, no está facultado para admitir la acción si no se justifica que otra jurisdicción se ha pronunciado sobre un punto determinado, o debe suspender la causa ya iniciada hasta que aquel hecho haya ocurrido. En el primer caso existe una cuestión prejudicial a la acción; en el segundo a la sentencia. Entre nosotros hay dos cuestiones prejudiciales a la acción: la primera se encuentra prevista por el art. 18 de la ley 4189 (art. 74 del cód. penal vigente) que establece que no podrá intentarse acción penal mientras no se declare el divorcio por esa causa ante la jurisdicción civil. La segunda surge del art. 140 del cód. penal (art. 132 del cód. penal vigente), combinado con el art. 1104 del cód. civil. En los casos de violación, estupro, rapto, etc., de una mujer soltera, queda exento de pena el delincuente si se casa con la ofendida, prestando ella su libre consentimiento, después de ser restituida al poder de sus padres o a otro lugar seguro. Ahora bien, puede ocurrir que alguno de éstos o el cónyuge pretenda que el matrimonio celebrado para eximirse de pena es nulo ¿podría deducirse la acción penal, sin más trámite? Pensamos que no, porque previamente debe resolver la jurisdicción civil lo que se refiere a la validez o nulidad del matrimonio. Las cuestiones prejudiciales a la sentencia son las que versan a la validez o nulidad del matrimonio, art. 1104, cód. civil. En el delito de bigamia, si el acusado sostiene que el primero o el segundo matrimonio es nulo, deben dejarse sin efecto las actuaciones iniciadas por la justicia del crimen hasta tanto el juez de lo civil se pronuncie sobre esta cuestión. Pero es necesario, agrega[74], no confundir las cuestiones prejudiciales con las previas, lo que alguna vez ocurre cuando se consulta sin tener presente el texto de nuestras leyes. En Francia, revisten carácter de prejudiciales las cuestiones relativas

73 *Ob. cit.*, t. II, pág. 54.

74 *Id.*, pág. 56.

al estado civil de las personas, a la validez o nulidad de matrimonio, a los derechos reales sobre inmuebles y otras de análoga índole. Entre nosotros, si el acusado sostiene que la cosa inmueble objeto del delito le pertenece, es el juez del crimen quien debe entrar a estudiar los títulos que se exhiben para saber quién es el propietario. Es una cuestión que debe resolverse en primer término, pero no prejudicial, porque si el inmueble pertenece al acusado no existirá delito; lo mismo ocurre en los contratos.

k) Partiendo de un concepto de HAUS[75] expresa ODERIGO[76] que los autores hablan de "cuestiones prejudiciales" y de "excepciones prejudiciales" y que aun cuando "cuestión" sea un término más denotativo y amplio, conviene distinguirlo de "excepción", dándole a aquélla un contenido "sustantivo" y a la "excepción" un alcance "formal", ya que este último conviene más a la cuestión cuyo planteamiento lleva aparejada la suspensión del proceso y la remisión de aquella a conocimiento del juez extrapenal que corresponda. Así, cuando un procesado por hurto se defiende aduciendo que no ha cometido delito porque se apoderó de una cosa propia, está planteando una "cuestión prejudicial", que debe ser resuelta por el juez de la causa; en cambio, se está en presencia de una "excepción prejudicial", que debe ser planteada como artículo de previo pronunciamiento cuando la cuestión traiga aparejada la suspensión del proceso penal de acuerdo con lo que dispongan las leyes al distribuir la competencia y a cuya decisión debe someterse el juez en su pronunciamiento, por ejemplo, las relativas a la validez o nulidad del matrimonio.

IV. — CARACTERES

a) La precedente relación de antecedentes legislativos y doctrinarios, necesariamente limitada y resumida, pero que podría ser ampliada considerablemente, nos permite formular una primera observación, que confirma lo que hemos dicho al principio, o sea que la dificultad en dar

75 HAUS, *Principes genéraux de droit penal,* Gantes, 1874, t. II, pág. 419.

76 *Ob. cit.,* pág. 9.

una definición con alcance universal de la prejudicialidad y establecer sus caracteres, deriva principalmente de que los autores la refieren a los sistemas legislativos de los respectivos países, sin tener en cuenta los vigentes en otros, y así mientras para algunos comprende todas las cuestiones que el juez debe resolver en el curso del proceso, incluso las excepciones, para otros se limita a las que deben ser materia de pronunciamiento previo a la sentencia por el mismo juez o por otro tribunal distinto, mientras que con un criterio más restringido una tercera dirección admite que sólo son prejudiciales las cuestiones cuya previa resolución corresponde privativamente a otro tribunal con efecto de cosa juzgada.

b) En general se conviene[77] en que es prejudicial toda cuestión ajena a la competencia del juez cuya previa resolución sea indispensable para pronunciarse sobre el fondo del litigio, porque constituye un antecedente lógico de la sentencia. En esta acepción amplia se incluyen las cuestiones que el juez debe decidir *inter tantum,* o sea, al solo efecto de pronunciarse sobre el fondo del litigio y sin alcance de cosa juzgada respecto de otros procesos, pero esta concepción lleva a confundirlas frecuentemente con las defensas previas, sin tener en cuenta que si bien todas las cuestiones prejudiciales son previas, no todas las cuestiones previas son prejudiciales[78]. Para otros[79], es prejudicial lo que debe resolverse previamente con efecto de cosa juzgada, sea por el mismo juez de la causa o por otro de distinta jurisdicción, definición que si bien excluye los pronunciamientos *inter tantum,* sólo es válida en relación a regímenes en que, como el alemán, el austríaco y el italiano, permiten a las partes proponer en vía principal, después de trabada la litis, cuestiones

77 Incluso MENESTRINA, CHIOVENDA, SATTA, REDENTI, COSTA, *obs. cits.*

78 Sobre el tema, ALSINA *Excepciones y defensas* (publicada la primera parte en *Studi in onore di Enrico Redenti,* t. I, pág. 77, Milano, 1951; y la segunda en *Scritti giuridici in onore di Francesco Carnelutti,* t. II, pág. 51. Padova, 1950). Reproducido en *Revista de derecho procesal* (Argentina), año VII (1949), primera parte, págs. 3 y sigtes. y con el mismo epígrafe por Ediciones Jurídicas Europa-América, Buenos Aires, 1958. ALSINA, *Tratado,* t. III, cap. XVIII, 16.

79 CARNELUTTI, *ob. cit.*

vinculadas al objeto de la demanda, pero que no conviene a los que, como el español y el nuestro y en general a los latinoamericanos, sólo autorizan la ampliación de la demanda y la. contestación hasta antes de la apertura de la causa a prueba[80]. Tampoco es inobjetable la distinción entre "cuestiones prejudiciales y excepciones prejudiciales"[81], asignando a la primera un contenido sustantivo y a la segunda un alcance procesal, en primer lugar porque entre las cuestiones prejudiciales se incluyen las que deben ser resueltas *inter tantum* y porque igualmente induce a confundirlas con las cuestiones previas. Análoga observación puede hacerse a la clasificación en "cuestiones prejudiciales de competencia" y "cuestiones prejudiciales de jurisdicción", ya que también se incluyen en el concepto de prejudicialidad las cuestiones a decidirse *inter tantum,* pues la decisión de las llamadas "cuestiones heterogéneas", aunque reguladas por una rama de derecho sustancial diferente al contenido de la controversia principal se atribuye también al juez de la causa[82]. Por último, una parte de la doctrina[83], a la cual nos adherimos, y que como vamos a ver es la adoptada por nuestra legislación, limita el concepto de cuestión prejudicial a las que por disposición de la ley deben ser resueltas previamente por otros jueces de distinta jurisdicción.

c) Consecuentemente con ello, diremos que para que una cuestión tenga carácter prejudicial en sentido propio, debe fundarse en una relación *sustancial* independiente de la que motiva la litis y cuyo conocimiento corresponda, por disposición de la ley o por la naturaleza jurídica de la cuestión y en juicio autónomo, a otro tribunal, la decisión del cual debe influir con efecto de cosa juzgada

80 Sobre el tema, FAIRÉN GUILLEN, *La transformación de la demanda en el proceso civil.* Santiago de Compostela, 1949.

81 Propuesta por ODERIGO, loc. cit.

82 Adoptadas por PRIETO CASTRO, GUASP, JIMÉNEZ ASENJO, locs. cits.

83 Especialmente los autores franceses: MOREL, GARSONNET et CÉZAR-BRU, GLASSON et TISSIER, locs. cits. Esta es también la opinión de LASCANO *(ob. cit.,* pág. 167), aunque no manifestada en forma expresa porque sólo se refiere a las relaciones entre el proceso civil y el penal.

en la resolución final a dictarse respecto de aquélla.

En las cuestiones complejas, como las derivadas del matrimonio, la filiación, la propiedad, etc., es necesario distinguir el objeto de la demanda de los distintos derechos que forman parte de ella. Cuanto más compleja es la relación jurídica, dice CHIOVENDA[84], tanto más clara aparece la distinción entre las cuestiones que tienen por objeto la relación jurídica en litigio y las particulares acciones que son derivaciones o consecuencias de la relación que no constituyen el objeto principal de la demanda[85]. En la acumulación subjetiva[86] que es otro supuesto de relación compleja, la cuestión prejudicial no se presenta porque se aplican las reglas de la intervención de terceros[87].

Las cuestiones procesales que se suscitan en el curso del juicio, no tienen carácter prejudicial, porque aun las que pueden influir en la decisión final, son resueltas por el juez de la causa y no trasciende de ella, como las relativas a la capacidad. Tampoco la tienen las cuestiones sustanciales que, aun siendo susceptibles de un proceso autónomo, son propuestas por las partes por vía de excepción (por ejemplo, las excepciones perentorias), o de reconvención (como la compensación), siempre que correspondan a su competencia y aunque el juez se pronuncie con efecto de cosa juzgada[88]. Asimismo, no son

---

84 *Principii,* pág. 1158.

85 Entre las cuestiones complejas merecen especial consideración las que plantea la acción de nulidad de matrimonio, de las que nos ocupamos más adelante.

86 ALSINA, *Tratado,* t. I, cap. V, 10, *d.*

87 *Id.,* cap. VII, 15.

88 Los jueces de Paz de la Capital Federal (ley 13. 998 y D. Ley 1285/58), intervienen en los juicios sucesorios (testamentarios o ab-intestato) hasta la suma de cincuenta mil pesos y conocen de las demandas contra los mismos cualquiera sea su importancia (reconocimiento o desconocimiento de filiación, pérdida de la vocación hereditaria, impugnación del testamento, etc.) y en los juicios vinculados al contrato de locación en los que intervienen privativamente, entienden en todas las cuestiones relacionadas con el mismo (desalojo, cumplimiento, rescisión, etc.) ALSINA, *Tratado,* t. I, cap. XIII, 52.

prejudiciales las llamadas "defensas previas" (beneficio de competencia, beneficio de excusión, condenaciones de posesorio, etc.)[89], porque no afectan al derecho, es decir no condicionan el pronunciamiento en cuanto al fondo de la litis.

Las cuestiones de hecho (constitutivos, impeditivos, extintivos) vinculadas a la relación sustancial (por ejemplo, los vicios del consentimiento) tampoco son prejudiciales, aunque puedan ser objeto de un juicio autónomo (así, la nulidad de una escritura que puede demandarse en vía principal por acción declarativa), porque afectan a la existencia misma de aquélla, salvo que la ley atribuya expresamente su conocimiento a otro tribunal, como en el supuesto delito. Entre las cuestiones de hecho se incluyen las relativas a los atributos de las personas (edad, sexo, nombre) y de las cosas (mueble, inmueble, fuera de comercio), así como las que versan sobre las relaciones jurídicas que de su vinculación derivan (propietario, depositario, arrendatario, etc.) porque el juez se pronuncia sobre ellas al solo efecto de decidir la litis principal y sin alcance de cosa juzgada, es decir que podrán ser nuevamente propuestas en otro juicio[90].

d) Por último se plantea la cuestión de saber si las cuestiones prejudiciales son sólo las expresamente establecidas en la ley o se dan supuestos de excepción a este principio. No existen textos legales que nos orienten en la materia, pero la doctrina admite que pueden presentarse casos de prejudicialidad, aunque la ley no lo

89 *Supra,* nota 78.

90 CHIOVENDA, *Principii,* pág. 1159. ROSENBERG, t. II, pág. 471. SCHÖNKE, pág. 78. GOLDSCHMIDT, pág. 238. El juez de lo penal se pronuncia también sin alcance de cosa juzgada y al solo efecto de determinar la existencia del delito, sobre cuestiones regidas por el derecho civil, por ejemplo, la filiación en el homicidio, salvo los casos de prejudicialidad establecidos por la ley. LASCANO, *ob. cit.,* pág. 174. ODERIGO, *ob. cit.,* pág. N° 5. Véase también COLOMBO, *Cuestiones civiles resueltas por los jueces del crimen* (en *La Ley,* t. 63, pág. 710). La Cám. civil (D), ha resuelto: "El sobreseimiento dictado en sede penal, en razón del pago voluntario de la multa por el imputado, faculta al juez civil para calificar el hecho en la órbita del derecho criminal, al solo efecto de ordenar las indemnizaciones pertinentes (*Jur. Arg.,* 1957-IV, pág. 40).

establezca, por la naturaleza jurídica de la cuestión, si no es posible resolver la litis principal sin la decisión previa de aquélla por otro tribunal, principalmente tratándose de cuestiones administrativas[91].

V. — Sistemas de aplicación[92]

a) Una segunda observación es que para la solución de los problemas que las cuestiones prejudiciales plantean en relación a la competencia, se conocen tres sistemas: dos absolutos y uno intermedio o mixto.

b) Por un primer sistema absoluto, llamado de la *unidad jurisdiccional* que se funda en el principio romano "el juez de la acción es juez de la excepción", el juez civil puede pronunciarse, sin alcance de cosa juzgada y al solo efecto de resolver la cuestión principal *(inter tantum)*, sobre todas las cuestiones que se planteen en el juicio, incluso las de materia penal, y recíprocamente el juez penal puede pronunciarse, también sin efecto de cosa juzgada y al solo fin de la represión, sobre todas las cuestiones vinculadas al delito, incluso las de carácter civil. Es el sistema seguido, como hemos visto, por los reglamentos alemán (art. 286) y austríaco (arts. 190 y 191), al que se le asigna la ventaja de la rapidez, porque no obliga a paralizar el proceso hasta que la cuestión prejudicial sea resuelta.

c) Por el segundo, llamado de la prejudicialidad absoluta, el juez civil no puede pronunciarse sobre ninguna cuestión prejudicial mientras no haya sentencia con efecto de cosa juzgada del juez privativamente competente de la respectiva jurisdicción. Pero, en cambio, el juez penal puede pronunciarse al solo efecto de la represión sobre una cuestión civil, en razón de la prevalencia que se atribuye a

91 Carnelutti, *Sistema,* N° 374. Participa de esta opinión Oderigo *(ob. cit., N°* 3), pero la Cám. del crimen ha dicho que es un principio admitido que no existen más cuestiones prejudiciales que las establecidas por la ley (*Jur. Arg.*, t. 29, pág. 267, con nota en contra de Rodolfo Rivarola y Máximo Castro). Veremos que ésta es también la orientación de nuestra jurisprudencia, aunque con excepciones.

92 Castro, *ob. cit.*, t. II, pág. 126. Alcalá Zamora y Castillo y Levene (h.), *ob. cit.*, t. I, página 263. Lascano, *ob. cit.*, pág. 166.

la justicia penal y la conveniencia de evitar la dilación del proceso, lo que no se consigue concediendo competencia a los jueces a quienes incumbe en principio el conocimiento de esas cuestiones especiales[93].

d) Por el sistema intermedio o mixto, llamado de la *prejudicialidad relativa,* tanto el juez civil como el penal pueden pronunciarse sobre cuestiones ajenas a su competencia sin efecto de cosa juzgada y al solo fin de resolver la cuestión principal[94], salvo las que por disposición de la ley deben ser previamente resueltas por otro tribunal de distinta competencia. Es el sistema seguido por el código francés y la mayoría de las legislaciones latinoamericanas, incluso la nuestra.

e) En este último caso, se plantea un nuevo problema y es el de saber si cuando las acciones son deducidas independientemente[95], el ejercicio de la acción civil suspende el ejercicio de la acción penal, y recíprocamente, si el ejercicio de la acción penal suspende el ejercicio de la acción civil (*prejudicialidad a la acción*), o sólo difiere la sentencia hasta que recaiga pronunciamiento definitivo en la otra jurisdicción (*prejudicialidad a la sentencia).* En algunos casos la ley establece expresamente la solución; así hemos visto (II, *b*) que el cód. civil francés dispone (art. 327) que la acción penal correspondiente para el castigo de los delitos de supresión de estado no puede ser intentada sino después que haya sentencia firme sobre dicha cuestión en la jurisdicción civil; y nuestro código penal dispone (art. 74) que no podrá intentarse la acción penal por delito de adulterio mientras no se declare el

---

93 A este sistema, dice LASCANO *(ob. cit.,* página 267), se puede objetar que dicha prevalencia no es estrictamente científica ni real, sino "exterior o política a causa de los intereses colectivos que entiende tutelar". Pero la justicia privada y la administrativa también contemplan el interés de la sociedad y la penal igualmente tutela los intereses privados. En cambio, puede haber conveniencia práctica en dejar a los jueces especializados la solución de los asuntos de su competencia. Consentir que el juez del crimen decida controversias que versen sobre materias ajenas a su especialidad, es como alguien ha dicho, dejar que un oculista intervenga quirúrgicamente en el estómago del enfermo.

94 Véanse los ejemplos propuestos por PRIETO CASTRO (*supra* II, f.).

95 Hemos de ver que nuestro código penal (art. 29) permite acumular a la acción penal la acción civil indemnizatoria.

divorcio en juicio civil por causa de adulterio, pero que la sentencia en el juicio civil no producirá efecto alguno en el juicio criminal. Pero a falta de una disposición legal la cuestión ha sido controvertida en la doctrina y en la jurisprudencia, como veremos más adelante.

f) Por otra parte, la prejudicialidad relativa puede ser obligatoria o facultativa, según lo disponga la ley. En el primer caso, el juez penal debe examinar si la cuestión propuesta es alguna de las que el legislador ha calificado de prejudicial, y en el supuesto afirmativo está obligado a suspender su pronunciamiento hasta que recaiga sentencia definitiva en la otra jurisdicción. Cuando la prejudicialidad es facultativa, el juez puede pronunciarse sobre la cuestión al solo efecto de resolver la causa principal *(inter tantum)*, o bien puede, si le parece conveniente, disponer que ella sea resuelta previamente con efecto de cosa juzgada *(principaliter)* por otro tribunal; sistema éste adoptado, como hemos visto, por la ordenanza procesal alemana (II, *c*). Vamos a ver también que nuestro legislador ha adoptado el sistema de la prejudicialidad obligatoria.

VI. — La prejudicialidad en la legislación, la doctrina y la jurisprudencia argentinas

a) No existe en nuestros textos legales una disposición que consagre el principio de que "el juez de la acción es juez de la excepción", pero ello se deduce, como lo han hecho la doctrina y la jurisprudencia francesa, de las limitaciones que ellos establecen al ejercicio de la función jurisdiccional[96]. El cód. civil contiene tres preceptos que se inspiran en el concepto restringido de la prejudicialidad al regular las relaciones entre el proceso civil y el proceso penal, pero cuyos conceptos

96 Debe tenerse presente que, a diferencia de otros regímenes procesales, nuestro código no permite modificar la demanda o la contestación, y la reconvención en su caso, después de trabada la litis, y que la sentencia debe contener decisión expresa, positiva y precisa, con arreglo a las acciones deducidas en juicio, de tal manera que sólo integran la litis las cuestiones planteadas en dichas oportunidades y consiguientemente quedan excluidas las que no hubiesen sido formalmente propuestas.

fundamentales son aplicables a otros supuestos.

El art. 1101 establece: "Si la acción criminal hubiese precedido a la acción civil, o fuere intentada pendiente ésta, no habrá condenación en el juicio civil antes de la condenación del acusado en el juicio criminal, con excepción de los siguientes casos: 1°) Si hubiese fallecido el acusado antes de ser juzgada la acción criminal, en cuyo caso la acción civil puede ser intentada o continuada contra los respectivos herederos; 2°) En caso de ausencia del acusado, en la que la acción criminal no puede ser intentada o continuada". El art. 1104 dispone: "Si la acción criminal dependiese de cuestiones prejudiciales cuya decisión competa exclusivamente al juicio civil, no habrá condenación en el juicio criminal antes que la sentencia civil hubiere pasado en cosa juzgada. Las cuestiones prejudiciales serán únicamente las siguientes: l°) Las que versaren sobre la validez o nulidad de los matrimonios; 2°) Las que versaren sobre la calificación de la quiebra "de los comerciantes". Pero es de advertir que el cód. penal ha suprimido la calificación de la quiebra por el juez de comercio y, por consiguiente, ha desaparecido la cuestión prejudicial que menciona el inc. 2°. El art. 1105 expresa: "Con excepción de los dos casos anteriores, o de otros que sean exceptuados expresamente, la sentencia del juicio civil sobre el hecho no influirá en el juicio criminal, ni impedirá ninguna acción criminal posterior intentada sobre el mismo hecho, o sobre otro que con él tenga relación". A su vez el art. 17 del código de procedimientos penales dice: "Si la acción penal dependiese de cuestiones prejudiciales, cuya decisión competa exclusivamente a otra jurisdicción, no podrá iniciarse el juicio criminal antes que haya sentencia ejecutoriada en la cuestión prejudicial". Por su parte el código penal, como hemos dicho (V, *e)* prescribe en su art. 74 que la acción por adulterio no podrá ser intentada mientras no se declare el divorcio por causa de adulterio.

b) De las disposiciones transcritas interesa especialmente a nuestro tema el art. 1101, cód. civil, pero debemos hacer referencia a las otras en el curso de la exposición para determinar su alcance, como lo han hecho la doctrina y la jurisprudencia.

De ellas se infiere, en primer término, que nuestro codificador ha seguido la regla romana "el juez de la acción es juez de la excepción", entendida ésta con la acepción amplia referida a toda defensa opuesta a la acción y no en el sentido técnico que hoy le asigna la doctrina, o sea la defensa que el juez sólo puede valorar si el demandado se ampara en ella, por oposición a otras defensas que puede relevar de oficio, de lo cual resulta que las cuestiones prejudiciales no son propiamente excepciones, ya que la prejudicialidad debe ser declarada de oficio, porque los arts. 1101 y 1104, cód. civ. no son de aplicación facultativa sino obligatoria.

La aplicación de la regla romana se deduce también de dos circunstancias: la primera, que el art. 1101 forma parte del capítulo IV del código que legisla sobre "el ejercicio de las acciones para la indemnización de los daños causados por delitos, de modo que tiene un campo limitado de aplicación, aun cuando el art. 1105 agrega que serán también prejudiciales otras cuestiones "exceptuadas expresamente", pero debe tenerse presente que esta disposición forma parte también del mismo capítulo[97].

Es decir, resumiendo, que el juez podrá pronunciarse sobre todas las cuestiones propuestas por las partes, aun cuando la cuestión sea ajena a su competencia[98], pero al solo efecto de decidir la cuestión principal y sin alcance de cosa juzgada (*inter tantum*)[99]. Salvo que sea de las

---

97 Con este criterio se ha resuelto que el art. 1101, cód. civ., que subordina la condenación en el juicio civil a la sentencia recaída en el juicio criminal, sólo rige para las acciones de indemnización de daños y perjuicios emergentes de delitos o cuasi delitos. Cám. civ. 1ª, *Jur. Arg.*, t. 53, pág. 85. *Infra,* nota 101.

98 El sobreseimiento dictado en sede penal en razón del pago voluntario de la multa por el imputado (art. 54, cód. penal), faculta al juez para calificar el hecho en la órbita del derecho criminal al solo efecto de ordenar las indemnizaciones correspondientes. Cám. Civ. (D), *Jur. Arg.,* 1957-IV, pág. 297.

99 La declaración incidental de que el contrato de sociedad no existe, hecha por el juez al pronunciarse sobre una excepción de incompetencia de jurisdicción, no importa cosa juzgada respecto de la existencia

previstas en el art. 1101. En cambio, se pronunciará con efecto de cosa juzgada si la cuestión ha sido propuesta en la contestación o en la reconvención, pero dentro de los límites de su competencia, o cuando la ley le atribuye especialmente competencia en un caso determinado[100].

c) En segundo término se deduce también que no hay

---

o inexistencia de la sociedad (Cám. civ. 2ª La Plata, *Jur. Arg.*, t. 14, pág. 655). La afirmación incidental de una sentencia criminal sobre la nulidad de un contrato de locación, no hace cosa juzgada en lo civil, ni autoriza el desalojo del inquilino, porque el fin de la instancia criminal no es otro que establecer la imputabilidad física y moral del imputado, declarar su responsabilidad e imponerle las sanciones correspondientes, a lo que es ajena una declaración de aquella naturaleza (Sup. Corte Tucumán, *La Ley*, t. 68, pág. 710, con nota de L. A. COLOMBO, *Cuestiones civiles resueltas por los jueces del crimen*). No existe cosa juzgada respecto del considerando de una sentencia que declara que en caso de conflicto entre dos títulos debe darse prioridad a uno de ellos, si esa declaración, cualquiera sea el valor corriente de las palabras empleadas, no forma parte de la sustancia del fallo, es decir de la parte dispositiva, que se limita en el caso a desaprobar una mensura (Sup. Corte de Buenos Aires, *Jur. Arg.*, t. 27, pág. 652).

100 *Supra,* nota 88. Nuestra jurisprudencia había seguido tradicionalmente el principio de que la cosa juzgada no podía sustentarse más que en la parte dispositiva de la sentencia y por consiguiente no alcanzaba a los motivos o fundamentos de la decisión, pero actualmente está orientada en el sentido de que ella se extiende a los fundamentos cuando la cuestión ha sido planteada formalmente por las partes dentro de los límites de su competencia, aunque no haya a su respecto decisión expresa. La circunstancia de que nuestro codificador se abstuviera de formular un precepto semejante al artículo 1351 del cód. civ. francés, no significa que hubiera dejado de lado la doctrina de las identidades, sino que quiso facultar a los jueces a que, con sujeción a ese principio, pudiesen examinar libremente si la causa es o no idéntica a la ya sustanciada y establecer en consecuencia, si hay posibilidad de contradecir la decisión anterior o si ambas sentencias son susceptibles de coexistencia porque no se desconoce o disminuye un derecho reconocido explícita o implícitamente en la primera sentencia, para lo cual debe examinarse no sólo los fundamentos de la decisión sino los términos en que quedó trabada la litis, que integran de esa manera la parte dispositiva. Cám. civ. 1ª, *Jur. Arg.*, t. 57, pág. 727; t. 39, pág. 130. *La Ley*, t. 32, pág. 562; t. 50, pág. 535. Cám. civ. 2ª, *Jur. Arg.*, t. 58, pág. 156. Cám. civ. (B), *Jur. Arg.*, 1951-IV, pág. 229. Cám. Fed. Cap., *Jur. Arg.*, 1951-I, pág. 740. Cám. de Faz, *Jur. Arg.*, t. 55, pág. 277; 1953-II, pág. 103. *Gac. de Paz,* t. 107, pág. 263. Cám. com., *Jur. Arg.*, t. 40, pág. 599; t. 70, pág. 630; 1948-II, pág. 451; 1950-III, pág. 115. Cám. 1ª civ. y com. La Plata, *Jur. Arg.*, 1945-III, pág. 65; 1946-III, pág. 447. *La Ley*, t. 24, pág. 50. Cám. 2ª civ. y com. La Plata, *La Ley*, t. 51, pág. 578. Cám. Apel. Rosario, *La Ley*, t. 50, pág. 539.

más cuestiones prejudiciales que las establecidas en la ley y ésta es la orientación de la jurisprudencia[101], pero fundado en que el art. 1101, cód. civ., se refiere a las acciones para la indemnización del daño emergente de delitos, se ha admitido que el principio es inaplicable cuando la cuestión verse sobre hechos que podrían dar lugar a pronunciamientos contradictorios[102], o que configuren un delito, en cuyo caso constituye una cuestión prejudicial[103].

d) Nuestros penalistas también se preguntan si cuando la acción civil es deducida independientemente de la

101 La querella por uso indebido de enseña comercial no constituye cuestión prejudicial respecto de la demanda civil por daños y perjuicios emergentes de su uso (Cám. Fed., *Jur. Arg.*, t. 58, pág. 54). No son cuestiones judiciales en el proceso civil los delitos y contravenciones regidos por el derecho aduanero (Sup. Corte, *Jur. Arg.*, t. 65, pág. 13), ni la previa justificación del carácter hereditario para deducir la acción de petición de herencia (Cám. civ. 2ª, *Jur. Arg.*, t. 2, pág. 614). El art. 1101, cód. civ., no es aplicable a los interdictos (Cám. civ. [D], *Jur. Arg.*, 1956-II, pág. 480). Con el mismo criterio se ha resuelto que no son cuestiones prejudiciales en el proceso penal la aprobación de cuentas por el Congreso respecto del delito de malversación de fondos (Sup. Corte, *Jur. Arg.*, t. 36, pág. 826); La rendición de cuentas (Sup. Corte, *Fallos*, t. I, pág. 384; Cám. crim., *Jur. Arg.*, 1943-III, pág. 888. Sup. Corte, Buenos Aires, *Jur. Arg.*, 1951-I pág. 283); la filiación en los delitos (Cám. crim., *Fallos*, t. I, pág 382), incluso en el delito de supresión o suposición de estado civil (Cám. crim., *Fallos*, t. 1, pág. 300).

102 El juicio por reconocimiento de filiación natural y petición de herencia debe suspenderse hasta tanto se dicte sentencia definitiva en el juicio que por desconocimiento de paternidad tiene promovido un tercero ante otro juzgado, y en el cual la sentencia denegatoria de primera instancia se funda en que la allí demandada y aquí actora era casada a la época de la concepción del menor con el accionante, cuya paternidad se presume (Cám. civ. [D], *Jur. Arg.*, setiembre 9 de 1958, fallo N° 7225).

103 La imputación de la falsificación de la firma de un contrato paraliza el juicio civil por cumplimiento del mismo hasta la resolución del juicio criminal respectivo. Cám. civ. 2ª *Jur. Arg.*, t. 38, pág. 1095. Cám. Apel. Rosario, *La Ley*, t. 31, pág. 573. Existe una cuestión prejudicial a la cual debe supeditarse el juicio en que se reclama la indemnización por despido si el empleado ha sido acusado ante la justicia del crimen por fraude o abuso de confianza, dado que según sea la sentencia criminal podrá establecerse si el despido es o no legítimo. Cám. Paz, *Jur. Arg.*, t. 55, pág. 652.

acción penal[104], que es el supuesto que contempla el art. 1104, cód. civ.), aquélla suspende el ejercicio de la acción penal, o sólo difiere la sentencia, pero se admite en general, por aplicación del art. 17 del código de procedimiento penal, antes transcrito, que la cuestión prejudicial impide el ejercicio de la acción penal y que si ella surge durante la tramitación de ésta, debe suspenderse su curso hasta que se dicte pronunciamiento definitivo en el proceso civil[105], salvo que evidentemente la cuestión prejudicial hubiere sido propuesta al solo efecto de impedir un pronunciamiento en sede penal[106].

El mismo interrogante se formula en el proceso civil con relación al art. 1101, código civil, pero ateniéndose a sus términos, que habla de *condenación* respecto de la acción civil indemnizatoria, nuestra jurisprudencia ha

104 Ya hemos dicho que nuestro cód. penal (art. 29) autoriza a acumular a la acción penal la acción civil indemnizatoria. Sobre el tema, LAFAILLE, *Obligaciones,* t. II, pág. 338, N° 2140.

105 Debe tenerse presente, dice CASTRO *(ob. cit.,* N° 231, pág. 129) que la ley ha hecho de la validez o nulidad del matrimonio una cuestión prejudicial sólo en los casos en que afecte a la culpabilidad (como en la bigamia), pero en aquellos referentes a la responsabilidad del hecho (por ejemplo, no serían prejudiciales las cuestiones que versan sobre el matrimonio cuando sólo sirven para calificar el delito, agravar la pena, atenuarla o eximir de ella al delincuente). En el mismo sentido JOFRÉ, *ob. cit.,* t. II, pág. 56; FRÍAS, *Derecho procesal. Materia criminal,* t. I, pág. 152. Aun tratándose del delito de bigamia, dice ODERIGO (*ob. cit.,* pág. 118), no siempre la cuestión es perjudicial. Así, cuando el procesado se defiende invocando la nulidad del primer matrimonio, por regla general podrá deducir su acción ante el juez de lo civil para conseguir esa declaración de nulidad, pero no debe olvidarse que ese delito puede cometerse no sólo por la persona impedida, sino también por aquella que, conociendo el impedimento, contrae matrimonio con ella. En tal caso el contrayente no impedido carecerá de acción para perseguir la declaración de nulidad del primer matrimonio celebrado por su co-delincuente (ley matr. civ., art. 84), pero como no podrá privarse a aquél de una defensa que, en caso de prosperar, habrá de hacer desaparecer el carácter delictuoso del hecho, forzoso será admitirlo a discutir ante el juez del crimen, al solo efecto de estatuir sobre el delito *(inter tantum).* En el mismo sentido MALAGARRIGA, *Derecho penal argentino,* Buenos Aires, 1927, t. III, pág. 194.

106 Cám. crim., *Jur. Arg.,* t. 14, pág. 398; t. 31, pág. 1043. Cám. Apel. Tucumán, *Jur. Arg.,* t. 2, pág. 987. Sobre el tema, ALCALÁ ZAMORA Y CASTILLO y LEVENE (h.), *ob. cit.,* t. I, pág. 142.

decidido[107] que la cuestión prejudicial penal no impide el ejercicio de la acción civil, debiendo en cambio suspenderse, bajo pena de nulidad, el pronunciamiento final hasta que se dicte sentencia definitiva en el proceso penal[108], salvo el caso de sobreseimiento provisional[109],

---

107 Se aduce para sostener lo contrario que el texto original del cód. civ. decía "no habrá delito", siguiendo a FREITAS, pero que el corrector por su cuenta, sustituyó esa expresión por la de "no habrá condenación". MACHADO, *Exposición y comentario del código civil argentino,* t. III, pág. 326. Sobre el tema, CASTRO, *ob. cit.*, t. II, pág. 232.

108 Siguiendo la opinión de MACHADO precedentemente expuesta, la Suprema Corte había dicho (*Fallos,* t. 15, pág. 325) que la acción civil no puede ser intentada pendiente el juicio criminal, pero los tribunales establecieron, en cambio que la iniciación del proceso penal no obsta a la deducción o prosecución de la acción civil, pues lo único que debe suspenderse y ello bajo pena de nulidad, es la sentencia, hasta tanto haya pronunciamiento definitivo en el proceso penal, en virtud de la cosa juzgada que la sentencia penal podría producir respecto de la acción civil (Cám. civ. 1ª. *Jur. Arg.*, t. 10, pág. 475; t. 19, pág. 42; t. 37; pág. 163; t. 43, pág. 907; t. 68, pág. 850. Cám. civ. 2ª. *Jur. Arg.*, t. 27, pág. 1196; t. 67, pág. 640. Cám. com., *Jur. Arg., t.* 37, pág. 410. Cám. de Paz, *Jur. Arg.*, t. 55, pág. 652. Sup. Corte Buenos Aires, *Jur. Arg.*, 1949-III, pág. 395. *La Ley,* t. 65, pág. 303. Cám. 1ª civ. y com. La Plata, *Jur. Arg.*, 1951-III, pág. 115. Cám. 2ª civ. y com. La Plata, *Jur. Arg.*, 1943-I, pág. 226. *La Ley,* t. 68, pág. 603). Comparten este criterio, SALVAT, *Hechos ilícitos,* N° 2957, pág. 133; LAFAILLE, *Obligaciones,* t. II, pág. 348, N° 1247; COLOMBO, *Culpa Aquiliana,* pág. 757, N° 245. SALAS, *La vinculación entre la acción civil y la acción penal (Jur. Arg.*, 1945- II, pág. 229). Pero la suspensión de la sentencia en el juicio civil, conforme al art. 1101, es aplicable únicamente en los casos en que en aquél se reclame la indemnización de los daños derivados de un delito o cuasi delito (Cám. civ., *Jur. Arg.*, t. 53, pág. 35). Cám. de Paz, *Jur. Arg.*, t. 57, pág. 848. Sup. Corte de Buenos Aires, *Jur. Arg.*, 1947-III, pág. 743; 1949-III, pág. 395. Cám. 2° civ. y com. La Plata, *La Ley,* t. 63, pág. 734, La ley 11. 729, al declarar independiente el juicio civil del penal y sus resoluciones definitivas, excluye la aplicación de los arts. 1101, 1102 y 1104 del cód. civ. (Cám. civ. 1ª, *Jur. Arg.*, t. 66, pág. 569).

109 Las Cáms. civs. en pleno habían resuelto (*Jur. Arg.*, t. III, pág. 399), que el sobreseimiento provisional impide dictar sentencia en el juicio civil mientras no se convierta en definitivo o se opere la prescripción, pero en un posterior acuerdo plenario (*Jur. Arg.*, t. 14, pág. 857) se rectificó esa orientación, decidiéndose que el sobreseimiento provisional no obsta a la decisión en el juicio civil, siendo ésta la jurisprudencia actualmente imperante (Sup. Corte, *La Ley,* t. 25, pág. 580. Cám. civ. 1ª, *Jur. Arg.*, t. 4, pág. 532; t. 10, pág. 620). Cám. civ. 2ª, *Jur. Arg.*, t. 22, pág. 356; t. 44, pág. 711. Cám. com., *Jur. Arg.*, t. 20, pág. 91. Sup. Corte de Buenos Aires, *Jur. Arg.*, 1951-II, pág. 4. Cám. 1ª civ. y com. La Plata, *Jur, Arg.*, 1948-IV, pág.

archivo de las actuaciones por no encontrarse a los autores[110], o prescripción de la acción penal[111]. Consecuentemente con ello se ha decidido que el ejercicio de la acción penal no interrumpe la prescripción de la acción civil[112].

e) Entre las cuestiones de relación compleja se incluyen, como hemos dicho, las de estado y entre ellas una de las más interesantes es la relativa a la acción de nulidad de matrimonio por subsistencia de un vínculo anterior[113]. Nuestra ley de matrimonio civil establece

---

117, 1953-III, pág. 115. Cám. 2ª civ. y com. La Plata, *Jur. Arg.*, 1948- IV, pág. 117; 1953-I, pág. 226.

110 Cám. civ. 2ª, *Jur. Arg.*, t. 3, pág. 102.

111 Cám. civ. 1ª, *La Ley,* t. 19, pág. 267. Cám. civ. 2ª, *Jur. Arg.*, t. 2, págs. 588 y 764. Cám. civ. 2ª La Plata, *Jur. Arg.*, t. 69, pág. 832.

112 La iniciación de la acción penal no interrumpe la prescripción de la acción civil, desde que no obsta a la iniciación del juicio civil y sólo suspende la sentencia (Cám. civ. 1ª, *Jur. Arg.*, t. 5, pág. 648; t. 9, pág. 847; t. 42, pág. 587. Cám. civ. 2ª, *Jur. Arg.*, t. 67, pág. 740. Cám. com., *Jur. Arg.*, t. 31, pág. 934; 1942-I, pág. 206. Cám. Fed. Bahía Blanca, *Jur. Arg.*, t. 42, pág. 512. Sup. Corte de Buenos Aires, *Jur. Arg.*, 1947-III, pág. 748; 1951-II, pág. 4, *La Ley,* t. 67, pág. 693, con nota de L. A. Colombo, *Actos interruptivos de la prescripción.* Comparten este criterio, Colmo, *De las obligaciones en general,* pág. 642, N° 935 y pág. 710, N° 1020; Salvat, *Prescripción liberatoria,* pág. 834, N° 2157, y pág. 946, N° 2263. No obstante, también se ha decidido que el principio de que la acción penal interrumpe la prescripción de la acción civil es extensivo a todos los asuntos que son del resorte de la jurisdicción criminal, tanto con respecto a la acción civil como al hecho que motiva el procedimiento. Cám. civ. 1ª, *Jur. Arg.*, 1945-II, pág. 151, con nota de Martínez Ruiz, *Efectos del juicio criminal sobre la prescripción civil indemnizatoria,* quien hace notar que la interrupción de la prescripción se produce cuando el actor ha intervenido en el juicio criminal como denunciante o querellante.

113 Es también interesante la situación que se plantea cuando a la acción de divorcio se opone como defensa la nulidad del matrimonio. A este respecto nuestros tribunales han dictado los siguientes pronunciamientos: El juicio de anulación matrimonial es previo al de divorcio, pues este último sólo tiene sentido ante el presupuesto de un matrimonio válido. Debe suspenderse el trámite del divorcio mientras no se dicte resolución firme en el juicio por anulación del matrimonio que le sirve de base (Cámara civ., [C], *La Ley,* t. 85, pág. 253). En un juicio de divorcio debe considerarse previamente abriéndose la incidencia a prueba— la nulidad del matrimonio invocada por una de las partes y el agente fiscal. De lo contrario, si por una razón procesal basada en la preclusión de

(art. 84 y art. 9, inc. 5°) que es absolutamente nulo el matrimonio celebrado mientras subsista otro celebrado anteriormente. Si el demandado en vía civil se defiende alegando la nulidad del primer matrimonio, ¿existe una cuestión prejudicial que obligue al juez a suspender su pronunciamiento hasta que otro tribunal la decida o le está permitido pronunciarse sobre ella al solo efecto de resolver la litis principal y sin alcance de cosa juzgada respecto del otro cónyuge que no interviene en el juicio? La doctrina sostiene, por una parte, que la nulidad del matrimonio no puede ser declarada sino por vía de acción, en tanto que por otra se admite que puede ser alegada por vía de excepción, y aun declarada de oficio en determinadas circunstancias.

Para los que aceptan la teoría de la inexistencia del acto jurídico[114], el juez puede declararla de oficio y la parte

---

esta etapa del juicio se rechaza la consideración de esa nulidad, podría declararse el divorcio de quienes nunca estuvieron casados para la ley argentina, no obstante la oposición del ministerio público encargado de vigilar una materia que atañe al orden público (Cám. civ., [B], *La Ley,* t. 86, p. 151). La nulidad es cuestión previa al divorcio pues éste supone un matrimonio válido y no podría declarárselo mientras no se rechace la nulidad entablada. Hasta que se llegue a dictar sentencia en el juicio de nulidad de matrimonio no se advierte inconveniente —dadas las particularidades del caso— para que el mismo tramite simultáneamente con el de divorcio. La sentencia deberá analizar en primer término la acción de nulidad y sólo si la rechaza podrá considerar el divorcio (Cám. civ. [B], *La Ley,* t. 91, fallo 247). También se ha resuelto: Procede resolver por vía incidental la nulidad de un matrimonio solicitada en el juicio sucesorio de uno de los pretendidos cónyuges, formando al efecto expediente por separado, si las pruebas están agregadas a los autos y las partes consintieron el procedimiento, por cuanto se debe evitar un inútil dispendio de la actividad jurisdiccional (Cám. civ. [B], *Jur. Arg.,* 1956-I, pág. 321). Este fallo ha sido comentado por DÍAZ DE GUIJARRO, *Improcedencia de la formación de incidente por separado para decidir sobre la nulidad del matrimonio (Jur. Arg.,* 1956-II, doctr. pág. 97) y por VERNENGO PRACK, *Garantías inherentes a la sentencia constitutiva de estado (La Ley,* t. 82, pág. 79).

114 Acerca de la controversia sobre la categoría de actos inexistentes en derecho civil puede verse J. J. LLAMBÍAS, *Efectos de la nulidad y de la anulación de los actos jurídicos (La Ley,* t. 50, pág. 876); ID., *Vigencia de la teoría del acto jurídico inexistente (Rev. Fac. de derecho y c. sociales,* Buenos Aires, julio-setiembre, 1948, pág. 361). IMAZ, *Teoría del acto inexistente (La Ley,* t. 89, doctr., pág. 893).

alegarla como defensa. Dice a este respecto JOSSERAND[115], que si el matrimonio es inexistente (identidad de sexo, falta de intervención del oficial público, demencia, ausencia de consentimiento), el juez no necesita declararlo, pues le basta constatarlo; pero si el matrimonio es sólo nulo (incesto, bigamia, impubertad, clandestinidad, incompetencia del oficial público), existe una cuestión prejudicial y no puede pronunciarse sino en vía principal en juicio promovido a ese efecto, vale decir que no puede ser alegada por vía de excepción[116]. En cambio, JEMOLO[117], admite que la nulidad del primer matrimonio puede ser alegada por vía de excepción, aunque sólo por quien tiene derecho a deducir la acción de nulidad.

Según DÍAZ DE GUIJARRO[118], el matrimonio nunca es nulo de pleno derecho y la nulidad sólo puede ser declarada en vía de acción principal. En su opinión, el art. 1047 del código civil, según el cual la nulidad absoluta y manifiesta puede y debe ser declarada de oficio, aun sin petición de parte, es inaplicable al caso en razón de que la ley de matrimonio civil establece un régimen especial de nulidades incompatibles con aquella disposición[119].

Por su parte, LAFAILLE[120], expresa que la nulidad

115 *Tratado de derecho civil,* nos 798, 808, 810, 830 (trad. CUNCHILLOS Y MANTEROLA, Buenos Aires, 1951).

116 El cód. civ. francés dispone: "Art. 189. Si el cónyuge bígamo pretende que su primer matrimonio es nulo, la cuestión de validez o nulidad de este primer matrimonio debe ser juzgada previamente".

117 *El matrimonio,* pág. 126 (trad. SENTÍS MELENDO y AYERRA REDIN, Buenos Aires, 1954).

118 *El divorcio en fraude de la ley argentina (Jur. Arg.,* t. 76, pág. 876). ID., *Improcedencia de la declaración de oficio de la nulidad de matrimonio (Jur. Arg.,* 1947-I, pág. 25).

119 ROJAS PELLERANO, *Nulidad de matrimonio* (Cuadernos de jurisprudencia, Fac. de Derecho y C. Sociales, Buenos Aires, mayo-agosto, 1954, pág. 213, con amplias referencias de doctrina y jurisprudencia).

120 *Derecho de familia,* nos. 244 y 261. La validez o nulidad de un matrimonio sólo puede ser materia de juicio y consiguiente resolución judicial si el acto existe legalmente; el matrimonio celebrado ante un particular no tiene existencia y así debe declararlo de oficio el juez (Cám. civ. *Fallos,* t. 164, pág. 422).

absoluta y manifiesta de un matrimonio puede y debe ser declarada de oficio, de acuerdo con el art. 1047 del código civil. Así, si de las partidas que se presentan en autos resulta la demostración de que se han casado dos hermanos, el juez no necesita petición de parte para pronunciar la nulidad; más aún, faltaría a su obligación si no la declarara.

Dice Busso que a la acción de nulidad por subsiguiente matrimonio puede oponerse la "excepción prejudicial" del matrimonio anterior[121]; los jueces no pueden declarar de oficio sino las nulidades absolutas y manifiestas y en materia matrimonial, a estar al criterio de FREITAS, no habría otras nulidades manifiestas que aquéllas en que existiera identidad de sexos o falta absoluta de celebración[122] y que aun en caso de fallecimiento del cónyuge que contrajo el segundo matrimonio, el cónyuge de buena fe podrá pedir la nulidad de ese segundo matrimonio y en tal caso el otro cónyuge podrá oponer la "defensa" de nulidad del primer matrimonio[123].

Esta falta de uniformidad se advierte también en la jurisprudencia, y así se ha decidido que de acuerdo a la legislación vigente[124] el segundo matrimonio no puede celebrarse mientras el primero no hubiera sido anulado por sentencia pasada en autoridad de cosa juzgada, de tal manera que bastará acreditar el vínculo anterior, con la presentación de las correspondientes partidas, para que proceda la declaración, aun sin petición de parte, de la nulidad del segundo matrimonio[125], de modo

121 *Código civil anotado,* t. II, pág. 298, N° 124. Se apoya en la opinión de DEMOLOMBE, III, N° 330; BAUDRY LACANTINÈRIE, III, N° 1839; PLANIOL, *Traite élémentaire,* N° 1017. Téngase presente *supra,* nota 116.

122 *Id.*, pág. 298, N° 133.

123 *Id.*, pág. 321, N° 27.

124 Sobre los proyectos de reforma véase DÍAZ DE GUIJARRO, *La consolidación de las nupcias inválidas, Jur. Arg.,* 1950-I, doctr., pág. 3.

125 Es nulo el segundo matrimonio contraído sin hallarse previamente disuelto el anterior por sentencia firme del tribunal competente (Cám. civ. 1ª, *La Ley,* t. 30, pág. 118. Cám. de Paz, *La Ley,* t. 74, pág. 790). El segundo matrimonio contraído sin hallarse previamente disuelto el anterior, es absolutamente nulo e inexistente, siendo inconfirmable, porque el

que no hay cuestión prejudicial; en tanto que en otros pronunciamientos se ha resuelto[126] que la nulidad del matrimonio tiene un régimen legal propio, por lo que no está sujeta al régimen legal sobre las nulidades de los actos jurídicos, siéndole inaplicable la teoría de los actos inexistentes, y en consecuencia la nulidad aun absoluta de un matrimonio no puede ser declarada de oficio por los jueces, o sea sin petición de parte y en juicio contradictorio, porque la ley de matrimonio ha enumerado taxativamente quiénes pueden demandar la nulidad[127]. Pero fuera del supuesto de nulidad absoluta

---

matrimonio es considerado ilegal, a diferencia del matrimonio anulable, con prescindencia del transcurso del tiempo y de la desaparición de la que dio origen al impedimento (Cám. civ. 1ª, *La Ley,* t. 34, pág. 722). La nulidad del matrimonio por ligamen anterior es de carácter absoluto, ya que afecta al orden público (Cám. civ. [D], *La Ley,* t. 80, pág. 592. La nulidad del segundo matrimonio, celebrado sin previa disolución del anterior, debe ser declarada de oficio (Cám. civ. i[C], *La Ley,* t. 86, pág. 163. La determinación de la validez o nulidad de un matrimonio celebrado en el extranjero subsistiendo el anterior celebrado en nuestro país, no constituye cuestión prejudicial; tales matrimonios carecen en absoluto de valor y ningún tribunal de la República puede tenerlos en cuenta (Cám. del crimen, *Jur. Arg.,* 1957-IV, pág. 267). En el mismo sentido, SPOTA, *La nulidad manifiesta del matrimonio celebrado en el extranjero con impedimento de ligamen derivado de un matrimonio celebrado en la República* (*La Ley,* t. 85, pág. 575). Véase también BIDART CAMPOS, *La nulidad de matrimonio con impedimento de ligamen y juzgamiento de la misma (Jur. Arg.,* 1957-II, pág. 147).

126 Cám. civ. 1ª, *Jur. Arg.,* 1946-I, pág. 427; 1947-III, pág. 308. *La Ley,* t. 45, pág. 257. Sup. Corte de Buenos Aires, *Jur. Arg.,* 1949-II, pág. 168. En el mismo sentido FASSI, *De la inexistencia y de la nulidad del matrimonio (Anales Fac. de ciencias jurídicas y sociales,* La Plata, 1942, t. 13, pág. 27).

127 El tema ha sido también controvertido, aunque incidentalmente, en torno al art. 86 de la Ley de matrimonio civil que reglamenta la acción de nulidad después del fallecimiento de uno de los cónyuges. MOLINARIO, *Caducidad de la acción de nulidad matrimonial por muerte de uno de los cónyuges* (*Rev. Analítica de Jurisprudencia,* Arayú, t. V, págs. 17 y sigtes.). ID., *Improcedencia de la interpretación extensiva de la primera norma del art. 86 de La Ley de matrimonio civil e inexistencia de los connubios celebrados en violación de su art. 2°* (*Jur. Arg.,* mayo de 1858). FASSI, *Nulidad de matrimonio* (*La Ley,* t. 26, pág. 99). BORDA, *La acción de nulidad del matrimonio contraído en el extranjero en fraude de la ley nacional después del fallecimiento de los cónyuges* (*Jur. Arg.,* 1954-III, pág. 102). ID., En *torno al art. 86 de la ley de matrimonio civil* (*Jur. Arg.,* 1954-IV, doctr., pág. 33). DÍAZ DE GUIJARRO, *Caducidad de la acción de nulidad de matrimonio después del fallecimiento de*

y manifiesta., la solución más aceptable es, en el ejemplo propuesto, que la nulidad del primer matrimonio constituye una cuestión prejudicial, porque como dice CHIOVENDA[128], un mero conocimiento incidental no parece conveniente por la naturaleza y complejidad de la relación, debiendo entonces fijarse un plazo a ese efecto[129].

uno de los cónyuges (*Jur. Arg.*, 1954-IV, doctr., pág. 3).

128 *Principii,* pág. 1171.

129 La Ley de Enjuiciamiento Penal de España establece (art. 4) que si la cuestión civil es determinante de la culpabilidad o la inocencia, el juez puede fijar un plazo que no excederá de dos meses, dentro del cual las partes deben acudir al tribunal competente, pasado el cual sin haberse acreditado su utilización es alzada la suspensión y continúa el procedimiento. PRIETO CASTRO, *Tratado,* t. I, pág. 152, nota 274. La Cám. del crimen ha resuelto que no debe admitirse como cuestión prejudicial a la investigación del delito de bigamia la defensa de nulidad del primer matrimonio opuesta por el acusado con el evidente propósito de eludir la acción de la justicia *(Jur. Arg.,* 1942-IV, pág. 523). También el Superior Tribunal de San Luis ha declarado que no hay cuestión prejudicial que impida la condenación del acusado por el simple hecho de que éste alegue la nulidad de uno de sus matrimonios. Sólo es previo el juicio ordinario planteado en forma ante los tribunales civiles *(Jur, Arg.,* 1946-I, pág. 885).

Las cuestiones prejudiciales en el proceso civil de Hugo Alsina se imprimió en la República Argentina en abril de 2018

Made in the USA
Monee, IL
09 October 2026

65315260R00037